Human Hologram

Ausgabe in sieben Bänden
Band 7

paraṃ

Band 7

Zentrum

Sei still und lausche und wisse, Ich bin Gott

Band 6

Geist

Ich erkenne mich in der Hand des Meisters, der ich bin

Band 5

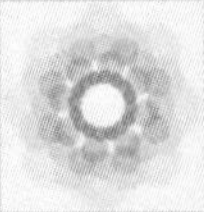

Osten

Ich umarme all meine Kraft und Fähigkeiten an diesem Tag

Band 4

Westen

Die Fesseln der Vergangenheit löse ich und gebe mich hin

Band 3

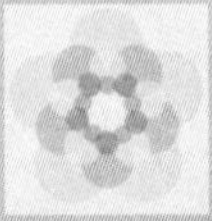

Norden

Was ich weiß und was ich tue, weihe ich der Sonne

Band 2

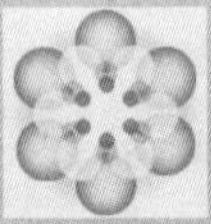

Süden

Vertrauen und Unschuld sind die Quelle meines Seins

Band 1

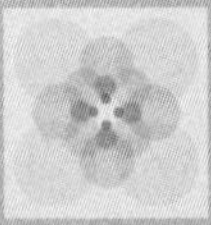

Erde

Mutter Erde, in Ehrfurcht verneige ich mich vor dir

Zentrum

*Sei still und lausche
und wisse,
Ich bin Gott*

Otto Richter

param

Bibliografische Information der Deutschen Nationalbibliothek

Die Deutsche Nationalbibliothek verzeichnet diese Publikation
in der Deutschen Nationalbibliografie;
detaillierte bibliografische Daten sind im Internet über
http://dnb.d-nb.de abrufbar.

Übersetzung

Tobias Nüßle, Karin Monte, Martina Weber
Koordination Anke Wustmann

Ich danke von ganzem Herzen den Menschen, ohne die dieses siebenbändige Werk nicht möglich gewesen wäre: meiner Frau Sabine Richter, meinen spirituellen Mentoren Paul Solomon, Tara Singh, Don Eduardo Calderon and Gabrielle Roth, der Projektleiterin Anke Wustmann, dem oben genannten Übersetzerteam und den Korrektoren Christine Pieler, Ingrid Möbius, Jochen Pohl, Ellen Volkhardt, Kirsten Herden, Heike Bieber und Gabriela Schwind.

Gewidmet meiner Tochter Sandra und meinem Sohn Alex, die mir mehr über die Liebe beigebracht haben als alle Gurus dieser Welt.

Die Beschreibungen in diesem Buch sind notwendig allgemeiner Art. Weil Menschen individuell erleben, schlussfolgern, reagieren und urteilen, kann bei schriftlich gegebenen Anweisungen nur begrenzt die jeweilige Wirkung abgeschätzt werden. Alle Hinweise und vorgeschlagenen Verfahren richten sich an gesunde Erwachsene. Wenn Sie unsicher sind, lassen Sie sich bitte fachlich beraten. Verlag und Autor schließen jegliche Haftung aus, die aus einer Anwendung der hier beschriebenen Methoden abgeleitet werden soll.

Umschlaggestaltung
unter Verwendung eines Aquarells von Brigitte Blume (Hintergrund)
und einer Grafik von Carlos Socci (Motiv)
Gesamtgestaltung ComGraphiX, Ahlerstedt
Gesamtherstellung Finidr, Cesky Tesin

ISBN 978-3-88755-**327**-2

Gesamtwerk (sieben Bände) ISBN 978-3-88755-**320**-3

www.param-verlag.de

Vorwort 7
Einführung 9
Schamanische Anrufung und Einweihung 11

Kapitel 1
Über das spirituelle Einssein 13
Ein Gefühl der Dringlichkeit 14
Dienst am Licht 17

Kapitel 2
Ein Überblick über das Hologramm 27
Die sechs Zustände 28
Hochstapler und Archetypen 31
Zurück ins Zentrum 37

Kapitel 3
Lichtberg-Meditation 43
Tiefes Lauschen 51

Kapitel 4
Die Sprache der Götter 53
Hörst du auf deine Träume? 55
Sieben Schritte zur Traumdeutung 57

Kapitel 5
Stärkung deiner essentiellen Kraft 65
Einen Köder auswerfen 70

Kapitel 6
Abschluss der Reise 75
Lösung spiritueller Totems der Vergangenheit 76
Apfelkur 79
Ein Mobile bauen 81

Anhang
Das Menschliche Hologramm (Tabelle) 92
Zusammenfassung in Stichwörtern 94
Literatur 95

Das Konzept der Chakren ist für das Verständnis des menschlichen Energiefeldes hilfreich. Chakra ist ein Sanskrit-Wort und bedeutet Rad oder drehen. Es taucht in alten Hindu-Texten auf und hat über die Jahrhunderte hinweg seinen Weg in die okkulten und metaphysischen Traditionen des Westens gefunden. Es wird häufig (vielleicht sogar zu häufig) in der populären esoterischen Literatur verwendet.

Obwohl es verschiedene und oft widersprüchliche metaphysische Lehren bezüglich Anzahl und Bedeutung der einzelnen Chakren gibt, werden damit im Allgemeinen sieben Zentren im Energiekörper beschrieben, vermittels derer wir verschiedene Qualitäten (oder Frequenzen) von Lebenskraft empfangen oder ausdrücken.

Ich finde es hilfreich, die sieben Chakren wie allgemein üblich mit den Grundfarben des Spektrums zu verbinden. Ich stelle mir vor, dass mein Energiefeld wie ein Prisma einen weißen Lichtstrahl aufschlüsselt, indem unterschiedliche Regionen meines physischen Körpers die besonderen Frequenzen der sieben Energiezentren ausstrahlen.

Jeder der sieben Bände behandelt hauptsächlich eines dieser Zentren, was an der Farbe des jeweiligen Einbands zu erkennen ist. Weil die Chakra-Lehre aber weitgehend missverstanden und viel zu oberflächlich damit umgegangen wird, hat sie ihren ursprünglichen Charme eingebüßt und wirkt auf manche sogar irritierend. Deshalb verwende ich den Begriff Chakra kaum noch und spreche lieber von Energiezentren. Ich lege Wert darauf, die teilweise schwierige Sprache der esoterischen, metaphysischen, spirituellen, psychologischen, theologischen und anderen Welten mit möglichst einfachen Worten auszudrücken.

üben

schreiben

meditieren

In den Text eingestreut gibt es Anregungen zum Üben, Schreiben und Meditieren. Sie sind durch Icons hervorgehoben und bieten dir Gelegenheit, aktiv an diesem Buch teilzunehmen, wenn du möchtest. Von Zeit zu Zeit gibt es auch Abschnitte, wo von Teilnehmern meiner Seminare häufig gestellte Fragen wiedergegeben werden. Das soll helfen, einen besseren Einblick zu bekommen. Wörtliche Rede ist mit **T** (Teilnehmer) und **O** (Otto Richter) gekennzeichnet.

Im Anhang sind unter der Überschrift *Zusammenfassung in Stichwörtern* Schlüsselwörter und -sätze erklärt und eine Tabelle zeigt das Menschliche Hologramm im Überblick. Hier finden sich auch die Quellen, die im Text mit hochgestellten Zahlen gekennzeichnet sind.

Fühle dich frei, die Anregungen aus diesem Buch auch beruflich zu nutzen, informiere deine Klienten und Teilnehmer bitte lediglich, wo du sie gefunden hast. Ich habe auf meinem Weg eine große Fülle von Erfahrungen empfangen, die ich von ganzem Herzen zum Wohle aller Beteiligten mit dir teile.

Willkommen im Menschlichen Hologramm

Du hast gerade ein Buch aufgeschlagen, das zu einem siebenbändigen Werk gehört und spirituellem Bewusstsein und spiritueller Praxis gewidmet ist.

Die sieben Bände entfalten ein ganzheitliches und multidimensionales Modell der menschlichen Psyche. Dieses Modell heißt das Menschliche Hologramm.* Jeder der sieben Bände beleuchtet einen anderen Aspekt daraus und liefert Methoden, die sich auf Seminaren über lange Zeit mit Hunderten Teilnehmern bewährt haben. Frei von religiösen Dogmen können sie dir zu Vitalität, geistiger Klarheit und emotionaler Stabilität verhelfen – und dich direkt mit dem Göttlichen in dir verbinden.

Das Menschliche Hologramm ist am Ende des Buchs in tabellarischer Form dargestellt. Diese Tabelle zeigt dir, in welche Ebene des Hologramms du mit einem Band eintauchst

*Das Menschliche Hologramm (Human Hologram) entspricht im System Human Holographics etwa dem Medizinrad im klassischen Schamanismus, es ist quasi ein dreidimensionales Medizinrad.

und welche Beziehungen zwischen dieser und den anderen Ebenen bestehen.

Jeder Band vermittelt vielfältige Gedanken, Informationen und Ratschläge, die das Beste aus verschiedenen Bereichen zusammenfassen. Die humanistische, die transpersonale und die forschungsbasierte Psychologie gehören dazu, auch grundlegende Aspekte des archaischen Schamanismus und der energetischen Körperarbeit. All das ordnet sich durch die Lehren der spirituellen Mentoren des Autors und seine eigenen mystischen Einsichten. Erkenntnisse der modernen Neurowissenschaften wurden eingearbeitet, die heute mehr denn je erklären, warum und auf welche Weise die Gehirnchemie eine Rolle spielt. Und nicht zuletzt kommt zu allem eine gute Portion Humor.

Wer du auch bist und was du auch tust, du wirst an diesem Programm deine Freude haben und es wird deine persönliche Entwicklung voranbringen. In den vergangenen 25 Jahren haben viele Menschen aus allen Lebensbereichen von diesem Wissen profitiert und ihr Leben hat sich positiv verändert.

Einführung

Das **Zentrum** des Menschlichen Hologramms lädt dich ein, weit über das ›normale‹ Bewusstsein hinaus die so genannte Ätherwelt zu erkunden. Obwohl er sich in deinem innersten Wesenskern befindet, ist dieser Teil der Psyche das universelle Bewusstsein, das wir in unserem begrenzten Zustand nur anerkennen und ehren können, indem wir still sind und nichts tun.

Als Teil unserer Abenteuerreise in die Leere werde ich neben dem Nichts einige der tiefsten Lektionen mit dir teilen, die ich von meinen geistigen Lehrern bekommen habe.

Schließlich werde ich dich noch in ein holographisches Verständnis der Grundelemente einführen, die in meiner Fortgeschrittenen-Ausbildung vermittelt werden. Ein holographisches Modell der Psyche wird in seine charakteristischen Anteile aufgeschlüsselt. Damit bekommst du eine klare Handhabe, wie du deine Mitte finden und erhalten kannst.

Eine geführte Meditation wird dich über eine tiefe Entspannung hinaus in einen Zustand völliger Freiheit vom Ego jenseits des Verstandes tragen. Durch eine Methode, die wir tiefes Lauschen nennen, lernst du, diesen Zustand schnell und umfassend zu erreichen.

Ich werde dich auch schrittweise durch einen einfachen Prozess führen, wie du deine Träume entschlüsseln kannst. Dadurch kannst du Zugang zu deiner Intuition und inneren Führung finden. Du wirst auch ganz praktische Tipps und Tricks kennen lernen, wie du deine Kraft und Schönheit zurückgewinnen und Teil deiner Wirklichkeit werden lassen kannst.

In diesem letzten der sieben Bände werden wir unsere Reise geeint, zentriert und geerdet beenden. Komm jetzt mit und tritt mit mir ein – in das Licht.

Schamanische Anrufung und Einweihung

Zur Feier des Lichts

*Wir ehren Mutter Erde unter uns,
Vater Geist über uns und die vier
Himmelsrichtungen um uns. Im Zentrum
des Menschlichen Hologramms lösen wir
uns in der Leere auf und feiern das Licht.
Wir weihen diesen Abschnitt unserer
Expedition dem Höchsten in uns. Wir
gehen ihn im Dienst am Licht und zum
Wohle aller Beteiligten. So sei es. Danke.*

Über das spirituelle Einssein

In Band 6 geht es viel um die Hirnanhangsdrüse und die Zirbeldrüse, und dass durch die Interaktion der beiden der Kopf von weißem Licht erfüllt wird. Damit wird das dritte Auge, das sechste Energiezentrum oder Chakra, aktiviert. Dadurch kann das Tor zu anderen Dimensionen geöffnet werden und wir können uns mit anderen Wirklichkeiten verbinden.

Doch selbst in dem so genannten Meister-Bewusstsein* (»Ich bin«) wird das Selbst immer noch als abgegrenzt vom großen Ganzen erfahren. Erst die Öffnung oder Erweckung des siebten Energiezentrums, auch Kronen-Chakra genannt, beendet dieses Gefühl des Getrenntseins.

Du fragst dich vielleicht, was spirituelles Einssein eigentlich ist und ob es in deinem Alltag seinen Platz finden könnte. Die ganze Idee der Erleuchtung (auch für kurze Augenblicke) scheint weit hergeholt und außer Reichweite zu sein. Möglicherweise liegt das daran, dass das Einssein mit dem Geist bisher nicht zu deinen Prioritäten gehört hat und daher nicht Bestandteil deiner Realität geworden ist.

*deine göttliche Kraft, durch die du die volle Verantwortung für die Erschaffung der Wirklichkeit nach deinem freien Willen übernimmst (eingef. i. Bd. 6)

Wie können wir also, praktisch gesehen, spirituelles Einssein üben und schauen, welche positiven Auswirkungen es auf unser Leben hat?

Ein Gefühl der Dringlichkeit

Dies ist ein guter Zeitpunkt, um dir einen weiteren meiner spirituellen Mentoren vorzustellen, den Inder Tara Singh. Obwohl sich unsere Verbindung nicht wie bei anderen Lehrern über mehrere Jahre erstreckte, hat er einen starken Eindruck bei mir hinterlassen.

Tara wurde 1919 in Punjab, Indien, geboren. Später lebte er als asketischer Mönch im Himalaya und bereiste dann die Welt. Er unterhielt enge Beziehungen zu politischen Führern und Denkern wie Indiens Premierminister Jawaharlal Nehru, Eleanor Roosevelt und Pearl S. Buck. Auf seiner spirituellen Reise war er langjähriger Schüler von Jiddu Krishnamurti. In den letzten Jahren seines Lebens war er einer der führenden Lehrer in der spirituellen Arbeit »Ein Kurs in Wundern«. Als wir uns begegneten, war er ein bemerkenswert gut aussehender Mann von Mitte Fünfzig, der oft weiße Gewänder trug und nach Mysore-Sandelholzöl roch.

Ich lernte Tara während meiner Zeit bei meinem spirituellen Lehrer Paul Solomon in Virginia Beach kennen. Paul hatte Tara und zwei seiner Schülerinnen, Joy (Freude) und Smile (Lächeln), eingeladen, im Ashram zu leben. Wir fünf lebten mehrere Monate wie eine Familie zusammen. Ich durfte an Taras Unterweisungen teilhaben, die im Bhakti Yoga wurzelten, dem Yoga der Hingabe.

Tara betonte immer wieder das Gefühl der Dringlichkeit, wenn es um spirituelle Prioritäten ging. Er sprach oft von leidenschaftlichem Verlangen und Liebe, die im Herzen sein müssten, wenn man hoffe, die Früchte des spirituellen Weges zu ernten. Diese intensive Hingabe an die Liebe um der Liebe willen, hätte er sagen können, ist genau das, was sie ins Dasein bringt.

Wenn die Ehrerbietung gegenüber der Liebe das Wichtigste in unserem Leben wird, ist es nicht überraschend, wenn unser Leben plötzlich von Liebe erfüllt ist. Je größer die Intensität dieser Ehrerbietung ist, desto heller brennt das Feuer in unseren Herzen. Wenn Liebe ein Synonym für Geist ist, dann hängt das Einswerden mit dem Geist davon ab, wie sehr wir uns nach dem Feuer der Liebe verzehren.

Jenseits der Dualität

Wenn wir auf anderen Stufen des Hologramms von Wahrnehmung (passiv) sprechen, dauert es nicht lange, bis die Idee der Projektion (aktiv) ins Spiel kommt. Wir verstehen die beiden als zwei verschiedene Vorgänge, doch hier, beim Betreten des Zentrums, möchte ich dich einladen, dir vorzustellen, dass sie tatsächlich ein und dasselbe sind. Im erleuchteten Zustand der Leere gibt es keinen Raum und keine Zeit zwischen dem Aussenden und dem Empfangen von Liebe. Sie geschehen zur selben Zeit und am selben Ort.

Vielleicht kann man dieses Phänomen besser beschreiben, wenn man sagt, dass im Erlebnisraum des Kronen-Chakras weder Wahrnehmung noch Projektion existieren. Im Erlebnisraum des dritten Auges lernen wir, wenn wir Negativität wahrnehmen, diese in etwas Positives zu transformieren und sie an das kosmische Energienetz zurückzuschicken. Doch auf der Ebene des Kronen-Chakras gibt es keine Trennung zwischen dir und dem universellen Hologramm. Du bist mit deinem göttlichen Selbst eins geworden. Hier gibt es nichts, das umgewandelt werden könnte.

In den Veden, den heiligen Schriften des Hinduismus, heißt es: »In der relativen Welt unterscheidet sich der Wissende vom Wissen, doch in der absoluten Wahrheit sind Wissender und Wissen ein und dasselbe.«[1] Für mich heißt das, erst wenn wir das siebte Energiezentrum erreichen, lassen wir die Dualität◆ hinter uns und gehen in einen Zustand ein, in dem alles von Liebe umhüllt ist. Eine Transformation ist nicht nötig, sie hat gewissermaßen schon stattgefunden.

Deshalb kann »tat twam asi«, eines der Mahavakia• der vedischen Tradition, sowohl mit »das bist du« wie mit »du bist das« übersetzt werden. Dieser kurze Satz fasst den Gedanken zusammen, dass es keinen Unterschied gibt zwischen dem, wer du bist, und dem, was du wahrnimmst. Wenn wir sagen: »Du erschaffst deine Wirklichkeit«, meinen wir wohl das Gleiche. Ich kann mir vorstellen, dass spirituelle Gemeinschaften dies früher genutzt haben, um sich gegenseitig an die universelle Natur zu erinnern.

Doch selbst jetzt hörst du vielleicht, wie der denkende Verstand sich einmischt und fragt: »Werde ich durch das definiert, was ich wahrnehme, oder ist das, was ich wahr-

◆das Reich der Gegensätze wie positiv und negativ, niedrig und hoch
•Sanskrit: großes Wort

nehme, dadurch bestimmt, wer ich bin?« Natürlich ist die einzige Antwort Ja.

Die absolute Natur der Liebe löst die Illusion der Dualität (des Getrenntseins) auf. Wenn wir uns im Kronen-Chakra mit unserer Göttlichkeit verbinden, erkennen wir Liebe als das wahre Selbst. Wenn wir zu dieser Erkenntnis kommen, offenbaren sich Subjekt und Objekt, der Wahrnehmende und das Wahrgenommene, der Wissende und das Gewusste als ein und dasselbe.

Daher weiß ich, dass du als der Meister, der du bist,* eine große Dringlichkeit in deinem Herzen trägst, ein tiefes Gefühl der Ehrerbietung, Verehrung und Hingabe für den Ozean der Liebe, der das Universum erfüllt. Die Schwingung der Liebe durchdringt jeden Aspekt deines Lebens und des Lebens deiner Mitmenschen.

Dienst am Licht

Wenn du ein Leben im Sinne einer tiefen Hingabe an die Liebe führst, kann dir das helfen, im Laufe des Tages in der vertikalen Achse zu bleiben. Sobald du im Meister-Bewusstsein alle Handlungen dem Geist der Liebe widmest, *ist es eher unwahrscheinlich, dass du in Machtspiele mit deiner Umwelt verfällst.* Stattdessen bist du im Einklang mit deiner einzigen Priorität, dem Höchsten in dir zu dienen.

Während ich mit Paul zusammenlebte und reiste, war eine meiner Rollen die des spirituellen Schülers. Wegen meines

*bezieht sich auf die persönliche Identifikation mit der eigenen Göttlichkeit oder dem Meister-Bewusstsein

Vertrauens zu Paul und der festen Überzeugung von seiner Wahrhaftigkeit stellte ich mich in seinen Dienst. Bei seinen Unterweisungen ging es viel um den Dienst am Höchsten. So versuchte ich als sein Schüler alle Feinheiten darüber herauszufinden.

Ich erinnere mich an den ersten Tag, als ich in Virginia Beach eintraf, bereit, die spirituellen Geheimnisse des Lebens zu erkunden. Meine Ankunft wurde erwartet. Gerade angekommen, ging ich zu Paul und wollte meine Unterkunft beziehen. Stattdessen hatte er eine Aufgabe für mich. Er brauche sämtliche Außenmaße des Fellowship Building, in dem die Büros, Arbeits- und Seminarräume waren. Er wolle das noch am selben Tag bis 17 Uhr auf seinem Schreibtisch haben. Es war 12 Uhr mittags.

Nun war dieses Gebäude kein gewöhnlicher rechteckiger Bau mit einer Fensterreihe und einem hübschen Flachdach. Es war eines dieser modernen Gebäude der frühen 1970er Jahre mit gekrümmten Wänden, zwei Stockwerken mit völlig verschiedenen Abmessungen, seltsamen Formen und einem mehrstufigen Dach. Das würde keine leichte Arbeit sein.

Ich schaute mich in dem Gebäude um und fragte mich, warum Paul diese Abmessungen brauchte. Für welchen Zweck könnte irgendjemand sie benötigen? »In irgendeiner Schublade irgendwo in diesem Gebäude muss eine Kopie vom Grundriss liegen«, dachte ich. Da war es schon 12:30 Uhr.

Die Sonne schien an diesem typischen feucht-heißen Virginia-Tag. An der High School hatte ich ein paar Stunden technisches Zeichnen gehabt. Ich hatte New Jersey sehr früh am Morgen verlassen und während der Autofahrt in den Süden nur ein Sandwich gegessen. Ich war hungrig und es war Zeit zum Mittagessen.

Im Büro gab mir jemand Papier und ein paar Stifte. In einem Verschlag fand ich eine Leiter. An der Ziegelsteinfassade neben dem Haupteingang reichte sie aber nur zur Hälfte hinauf. »Wie um Himmelswillen«, brummelte ich völlig frustriert vor mich hin, »komme ich da hoch?« Es war fast 13 Uhr.

»Ich bin doch nicht den weiten Weg nach Virginia gefahren«, dachte ich, »um auf dem heißem Blechdach den Architekten zu spielen.« Ich fragte mich, worauf ich mich da eingelassen hatte. Wurde ich ausgenutzt? War ich so ein Naivling aus New Jersey, der an irgendeinen Jim Jones* geraten war und nun den Handlanger für einen Guru machte, während der sich in seinem klimatisierten Trance-Tempel entspannte? Schließlich brachte mir jemand aus dem Haus etwas zum Mittagessen. Ich aß. Ich trank. Ich fühlte mich besser. Dann verstand ich. Es war eine Prüfung.

Ich sprang in mein Auto und fuhr zu einem lokalen Eisenwarenladen. Nachdem ich eine richtige Leiter, Maßbänder, ein paar technische Zeichengeräte und Zeichenpapier in guter Qualität und einen schönen Plastikordner gekauft hatte, in den ich die fertige Arbeit abheften könnte, kehrte ich gegen 14:15 Uhr zum Fellowship Building zurück. Es blieben keine drei Stunden. Aber Punkt 17 Uhr hatte ich die vollständigen und, wie ich in aller Bescheidenheit sagen darf, sauber gezeichneten Pläne aus drei ver-

*religiöser Kultführer in den 1970er Jahren, der seine Anhänger in den kollektiven Selbstmord führte schiedenen Ansichten auf Pauls Schreibtisch ausgebreitet. Er war nicht da, um Beifall zu klatschen, niemand dankte mir für meine Bemühungen, und er selbst verlor nie ein Wort darüber. Trotzdem war ich froh, dass ich rechtzeitig fertig geworden war.

Obwohl es mir nicht mehr wichtig war, ob die Zeichnungen jemals für irgendetwas benötigt werden würden, wusste ich, sie hatten einen großen Zweck erfüllt. Ich hatte nämlich nicht nur in der heißen Sonne schwer gearbeitet, ich hatte es von ganzem Herzen getan. Die Frage ist nicht, ob die Arbeit sinnvoll war, die Frage ist allein, mit welcher Einstellung ich sie getan habe. Ich hatte das Bedürfnis, Paul etwas zu bringen, worauf ich Sorgfalt verwendet hatte. Das machte das Tun vergnüglich und das Empfangen des vollendeten Werkes wurde unwichtig.

Ich werde diesen Tag niemals vergessen, weil er ein Meilenstein im Reich des Dienens für mich war. Natürlich hatte ich die Absicht, dem Licht zu dienen, aber das war schwierig, weil ich noch nicht gelernt hatte zu hören, zu vertrauen und die Aufgaben zu erfüllen, die mir vom Höchsten gegeben wurden. Deswegen war es notwendig, dass ich Paul diente, um mich dadurch selbst zu lehren.

Ich benutzte Paul, um dem Höchsten Liebe und Hingabe darzubringen. So lernte ich, alles, was ich tue, kann voll reinem Vergnügen, voller Freude und Liebe sein. Aus den unangenehmsten Aufgaben, Herausforderungen und Konfrontationen kann man viel mitnehmen, wenn man sie voller Hingabe erfüllt, viel mehr, als man sich je hätte träumen lassen.

Stell dir vor, eine solche Liebe und ein solches Verlangen zu haben, deinem Geliebten zu gefallen, dass du kaum an dich halten kannst. Dein Herz klopft schon darüber vor Freude, dass du überhaupt fähig bist, deinem Geliebten zu dienen. Du hast buchstäblich keinen Gedanken und keinerlei Interesse daran, ob es irgendeinen Sinn macht, worum der Geliebte dich bittet. Es geht dich nichts an, dein einziges Trachten ist, mit Freude, Liebe, Sorgfalt und Hingabe zu dienen.

Wischmopp und Eimer

Sobald dieses erste Stadium des Dienens vollendet ist, beginnt das zweite. Eines Tages merkte ich, dass Paul nicht mehr so viele Aufgaben wie vorher verteilte. Ich begann mich zu fragen, ob ich nicht gut genug gedient hatte. Aber so war es nicht.

Verschiedene theologische Richtungen in aller Welt unterhielten früher sogenannte Mysterienschulen, die spirituell Suchende aufnahmen. Es geht die Legende, in einer dieser Schulen wären vor die Tür eines neuen Schülers Wischmopp und Eimer in den Gang gestellt worden. Wenn der Flur immer schmutziger wurde, weil der Schüler nicht die Aufgabe übernahm, den Flur zu reinigen, wurde er der Schule verwiesen. In dieser Legende geht es sicher um mehr als nur einen schmutzigen Flur.

Ich brauchte einige Zeit, bis ich merkte, warum die ausgesprochenen Aufgaben weniger wurden und die stillschweigenden deutlicher – für die, die Augen im Kopf hatten. Die

Herausforderung war, die Augen offen zu halten und zu schauen, was es zu tun gab, und das zu tun, ohne gefragt zu werden.

Dieses zweite Stadium wäre mir nicht möglich gewesen, das kann ich ohne weiteres sagen, hätte ich nicht das erste mit einigem Erfolg absolviert. Hätte ich nicht die Liebe für das Licht in meinem Herzen gefunden, sie nicht auf Paul projiziert und die von ihm gestellten Aufgaben nicht erfüllt, dann hätte ich mich nie auch nur bemüht, Aufgaben zu erkennen und als meine anzunehmen.

Um ehrlich zu sein, wenn ich zurückblicke, sehe ich manches, was notwendig gewesen wäre und direkt vor meinen Augen lag, und ich habe es nicht gesehen. Ob man nun den Zeitpunkt oder eine begrenzte Sichtweise anführt, ich denke, es gab damals Aufgaben, für die ich einfach noch nicht bereit war. Aber ich empfand Liebe und Ehrerbietung für Paul, weil ich das Licht in ihm erkannte. Das ermöglichte mir, Aufgaben zu erkennen, die ich sonst nicht gesehen hätte. Ohne Liebe und Ehrfurcht werden wir von den Launen und Phantasien, Klagen und Ablenkungsmanövern des Egos geblendet.

Liebe öffnet unsere Augen für das Licht in den Menschen, die wir lieben. Sie führt uns über unsere persönlichen Bedürfnisse hinaus. Wenn wir in Liebe handeln, ist Dienen ein Vergnügen. So groß ist dieses Vergnügen, dass du über deine gewöhnlichen physischen, mentalen und emotionalen Grenzen hinauswächst. Du wirst Dinge tun, die du normalerweise nie tätest und die du dir auch nie zugetraut hättest. So führt dich das Dienen über deine Begrenzungen hinaus und zeigt dir dein wahres Selbst.

Die dritte Stufe des Dienens erlebte ich nach Beendigung der Lehrzeit bei Paul. Vermutlich hatte er das so geplant. Ich merkte, dass ich durch mein Dienen bei ihm die außerordentlich wichtige Fähigkeit erworben hatte, mit dem Gefühl von Liebe und Hingabe in Berührung zu kommen. Ich war gewohnt zu dienen und es wurde zu meinem Selbstausdruck, zu einem erfüllenden Teil meines Lebens.

Da ich keinen Lehrer mehr um mich hatte, stellte sich die Frage nicht länger, ob ich auf einer horizontalen Ebene projizierte oder wahrnahm. Stattdessen wurden, indem ich mich auf der vertikalen Achse mit der gleichen Liebe und Hingabe vereinigte, mein Leben allgemein und alle meine Beziehungen durch diese Gefühle erfüllt. Ob es ein künstlerisches Projekt, eine organisatorische Frage oder ein zwischenmenschliches Thema war, ich konnte viel häufiger als zuvor über mein Ego springen und dienen.

Ich hatte Paul Solomon viele Jahre nicht mehr gesehen, als er 1994 verstarb. Dass ich in jungen Jahren sein Schüler sein durfte, erfüllt mich mit Dankbarkeit.

Zweifellos hat es in den Fluren deines Lebens jede Menge Wischmopps und Eimer gegeben, die darauf gewartet haben, von dir ergriffen zu werden. Bist du bereit, sie zu ergreifen und gut einzusetzen? Dann schlage ich dir vor, dich häufig mit deiner Liebe und Hingabe an das Licht zu verbinden und ihm – als der Meister, der du bist – bewusst zu erlauben, deine Beziehungen zu Menschen und Sachen, die du am meisten liebst, zu erfüllen. Übe, dem Licht auf diese einfache, geerdete Weise zu dienen, und du wirst unsere Welt zum Besseren verändern.

Aus der Mitte heraus dienen

An bestimmten Punkten in unserem Leben bekommen wir Gelegenheit, besonders wichtige Beziehungen zu geistigen Führern, Lehrern oder Mentoren einzugehen. Ich glaube, dass in dieser Art von Beziehung oft die Gelegenheit für eine spirituelle Weiterentwicklung verpasst wird. Das hängt vermutlich damit zusammen, dass der Kontext dafür oft überhaupt nicht spirituell erscheint. Spirituelle Liebe wird meist mit persönlicher oder romantischer Liebe verwechselt und das führt natürlich dazu, dass viele zögern, ihr Ego der Autorität des Anderen zu unterstellen und einfach nur zu dienen.

Wenn man jedoch in dieser Beziehung zentriert und vertikal bleibt, kann man sich besser bedingungslos einlassen. Dann ist man sich auch eher bewusst, dass jeder einzelne Aspekt des Lebens in der Tat spirituell ist. Ja, dies ist ein ziemlich herausfordernder Ansatz, der jenes Gefühl von Dringlichkeit verlangt, von dem wir weiter oben gesprochen haben. Wenn du dem folgen willst, bekommst du Gelegenheit, deine tieferen Kräfte und deine innere Schönheit zu erfahren. Es ist gewiss ratsam, intuitiv in so eine Beziehung zu gehen und darauf zu achten, sie mit jemandem einzugehen, dem man zutiefst vertraut und für den man allerhöchsten Respekt hat.

Hier eine Zusammenfassung der drei Stadien des Dienens, wie ich sie erfahren habe:

Erstes Stadium

Folgebereitschaft

Erfülle vorgeschriebene oder erwartete Aufgaben und projiziere dabei die spirituelle Liebe in dir auf einen totemistischen Mentor.*

Zweites Stadium

Unterstützung

Erfülle freiwillig unvorhergesehene Aufgaben, während du die spirituelle Liebe aufnimmst, die von dem totemistischen Mentor ausgeht.

Drittes Stadium

Ausstrahlung

Lass dich von geistiger Liebe und spirituellem Licht inspirieren und motivieren und befriedige dankbar die Bedürfnisse, die sich in verschiedenen Lebensbereichen zeigen.

*Jemand, der die Rolle eines Beraters oder Trainers erfüllt und den man darüber hinaus als verehrtes Sinnbild im eigenen Leben (üblicherweise mit spiritueller Bedeutung) versteht.

Ein Überblick über das Hologramm

In den Hippie-Tagen der späten 1960er Jahre dudelte der Song »Just Dropped In (To See What Condition My Condition Was In)«[2] unaufhörlich im Radio. Es war wirklich einer der ersten Popsongs, der die psychedelische Szene musikalisch und textlich unter die Lupe nahm. Mir prägte sich aber nicht nur die Melodie dieses Ohrwurms ein, sondern auch, wie das Wort Zustand (engl.: *condition*) im Text des Songs benutzt wurde.

Der Zustand meines Zustands oder der aktuelle Stand meiner Verfassung bestimmt sehr wahrscheinlich größtenteils darüber, wie bewusst, stark, kreativ und einfallsreich ich in jedem beliebigen Moment sein kann. Wenn es um das Thema des Dienens geht, zeigt der aktuelle Stand meiner Verfassung direkt an, ob ich gerade der Liebe diene oder die Gäste des Egos unterhalte. Eine makellose Herangehensweise an das Dienen ist, meinen Zustand zu beobachten und so zu verändern, dass ich die Bedürfnisse des Höchsten auf angebrachte Weise zu befriedigen in der Lage bin. Außerdem ist es eine großartige Möglichkeit, mehr über mein wahres Potenzial zu erfahren.

In den verschiedenen Bänden dieses Werks sehen wir immer wieder, dass unsere Gedanken, Emotionen und Verhaltensweisen sowohl unsere aktuelle Verfassung reflektieren, als auch sie mit verursachen. Hier nun möchte ich einen Überblick über das holographische Modell der menschlichen Psyche und ihre verschiedenen Zustände dem Menschlichen Hologramm entsprechend geben. Ich hoffe, es hilft dir, dich stärker mit einem zentralen Punkt in deinem Inneren zu identifizieren, und gibt dir Gelegenheit, umfassender Verantwortung für »den Zustand deines Zustands« zu übernehmen.

Die sechs Zustände

Es gibt sechs hauptsächliche Zustände im Menschlichen Hologramm: erwartend, geschlossen, kontrolliert, spontan, offen und wachsam. Jeder Ebene des Hologramms sind ein Zustand und ein Rhythmus zugeordnet, beide sind aber voneinander unabhängig. Der Zustand beschreibt die am besten passende energetische Verfassung der jeweiligen Ebene, während der Rhythmus sich als das markanteste Ausdrucksmittel in einer spezifischen Bewegungsweise erweist, die bestimmte seelische Verfassungen anzeigt oder hervorruft.

Band 1

Rhythmus	Vorahnung	Kapitel 1
Zustand	erwartend	Kapitel 1

Band 2

Rhythmus	fließend	Kapitel 1
Zustand	geschlossen	Kapitel 2

Band 3

Rhythmus	stakkato	Kapitel 4
Zustand	kontrolliert	Kapitel 3

Band 4

Rhythmus	Chaos	Kapitel 4
Zustand	spontan	Kapitel 3

Band 5

Rhythmus	spielerisch	Kapitel 4
Zustand	offen	Kapitel 4

Band 6

Rhythmus	ruhige Einheit	Kapitel 5
Zustand	wachsam	Kapitel 2

Das innere Gleichgewicht finden

Stell dir einen dreidimensionalen Raum vor, unter dir die Erde, über dir der Geist und die vier Himmelsrichtungen um dich herum. Der Ort, von dem aus du dieses holistische Modell der menschlichen Psyche betrachtest, ist also das Zentrum, die Leere. Die Identifikation mit dem Zentrum deiner selbst ist der Schlüssel für den Ausgleich, die Harmonisierung und Vereinigung der vielen Aspekte innerhalb deiner Psyche. Du findest diese Aspekte aufgelistet in der Tabelle des Menschlichen Hologramms am Ende dieses Buchs.

Jeder dieser vier Himmelsrichtungen auf der horizontalen Ebene ist ein Zustand zugeordnet:

Süden	geschlossen
Norden	kontrolliert
Westen	spontan
Osten	offen

Auf der vertikalen Achse

Geist	wachsam
Erde	erwartend

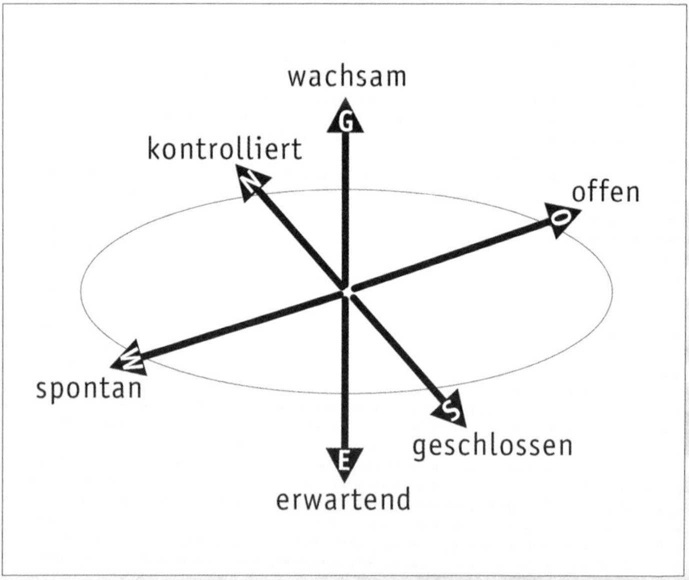

Wenn du dir die Abbildung anschaust, fallen dir zu einzelnen Begriffen vielleicht Menschen aus deinem Bekanntenkreis ein, weil sie deren Zustand zu beschreiben scheinen. Manche Menschen sind eher kontrolliert, andere scheinen offen zu sein. Du wirst aber auch bemerken, dass einige der großen Kontrolleure allzu kontrollierend sind, was sie dazu bringt, dass sie eher manipulieren. Ebenso sind Menschen, die man als offen kennt, manchmal zu offen, so dass sie immer wieder zum Opfer werden.

Ich glaube, in dieser Hinsicht sitzen wir alle in einem Boot. Das Problem besteht vielleicht darin, dass wir mit einem Zustand mehr identifiziert sind als mit anderen. Aus welchem Grund auch immer haben wir gelernt, uns gewohnheitsmäßig auf die Merkmale dieses einen Zustands zu verlassen und sie auf Kosten der Qualitäten der meisten anderen Zustände zu stärken. Wir glauben wirklich: »Ich bin eben so, wie ich bin.« Natürlich erzeugt diese Überzeugung ein großes Ungleichgewicht, das zu einem Mangel an Ressourcen im Selbst führt.

Hochstapler und Archetypen

Wenn wir uns jeden einzelnen Zustand genau ansehen, erkennen wir eine gute Seite und eine mögliche Schattenseite, einen bewussten und einen unbewussten Aspekt. Ich bezeichne die unbewussten Aspekte als Hochstapler, weil ich sie mir gerne als prätentiöse Aspekte vorstelle, die meinem wahren Selbst nicht entsprechen. Ich nenne die bewussten Aspekte Archetypen, um so die unterschiedlichen Qualitäten meines wahren Selbst zu versinnbildlichen.

Die Hochstapler verkörpern Tendenzen in Denk- und Verhaltensweisen, die zu Begrenzung oder Einschränkung führen. Diese Schattenaspekte beschreiben wenig angenehme Erfahrungen und Ausdrucksformen des jeweiligen Zustands, der meist mit dem Verlust von Energie in Beziehung zur Umwelt und zu den Mitmenschen verbunden ist.

Die Archetypen dagegen verkörpern die essentiellen Aspekte des jeweiligen Zustands und weisen auf eine bejahende Erfahrung und ihren entsprechenden Ausdruck hin. Durch sie gewinnen wir eine bessere Lebensqualität.

Jeder Zustand mit seinem jeweiligen Hochstapler und Archetyp hat seinen besonderen Platz im Umfeld dessen, was wir das Zentrum des Selbst nennen wollen. Wenn wir feststellen, dass wir uns in einem Zustand öfter als in den anderen Zuständen aufhalten, könnte man sagen, dass wir zu dieser Richtung neigen und unweigerlich in den Hochstapler-Aspekt verfallen würden. Und genau das bringt uns aus unserem Zentrum.

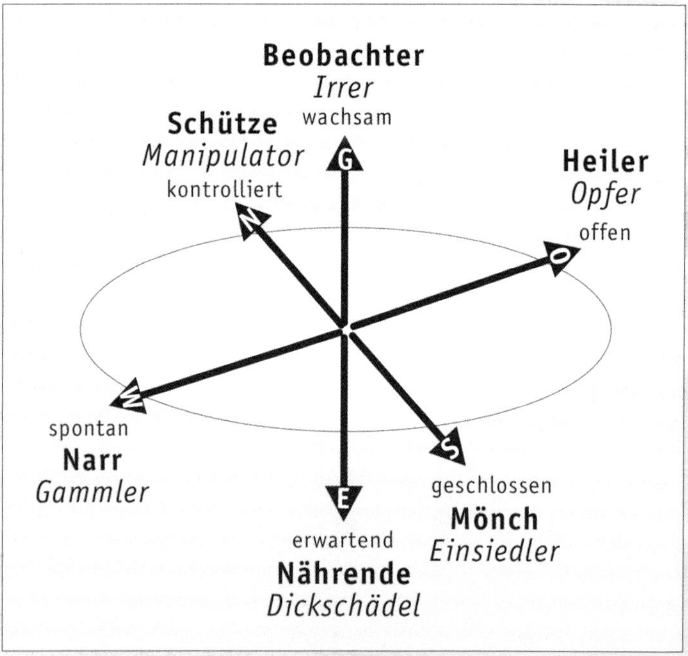

In der Abbildung links unten siehst du die Zustände und dazu die Archetypen (fett gestellt) und die Hochstapler (kursiv).

Wenn wir feststellen, dass wir nicht in unserem Zentrum sind, liegt das wahrscheinlich daran, dass wir zu stark mit einem oder mehreren Hochstaplern identifiziert sind und in ihrem Stil denken und uns verhalten.

Nehmen wir zum Beispiel den Gammler im Westen. Wenn mein Ego stark mit dem Selbstbild verhaftet wäre, ganz locker und entspannt zu sein, hätte ich in Momenten, in denen eher ein bisschen Disziplin angebracht wäre, vermutlich Schwierigkeiten, Ablenkungen zu widerstehen und mich auf eine Aufgabe zu konzentrieren.

Nur vom Zentrum aus können wir Zugang zu den Archetypen finden. Wenn uns alle Zustände zu jedem beliebigen Zeitpunkt gleichermaßen zugänglich sind, können wir einfach den Archetyp unserer Wahl oder auch eine Kombination von Archetypen herbeirufen.

Wenn wir das kreisrunde Zifferblatt einer Uhr als einfache Analogie* betrachten, sehen wir, dass der Abstand zwischen der 6 und der 9 merklich größer ist als der zwischen der 6 und dem Mittelpunkt des Zifferblatts. Der Abstand zwischen der 6 und der 12 ist doppelt so groß wie der Abstand einer Zahl zum Mittelpunkt. In der Mitte zu bleiben spart Energie.

Schauen wir uns das genauer an, zunächst in den vier Himmelsrichtungen.

*Auf diese Korrelation hat mich Christoph Heilmann aufmerksam gemacht.

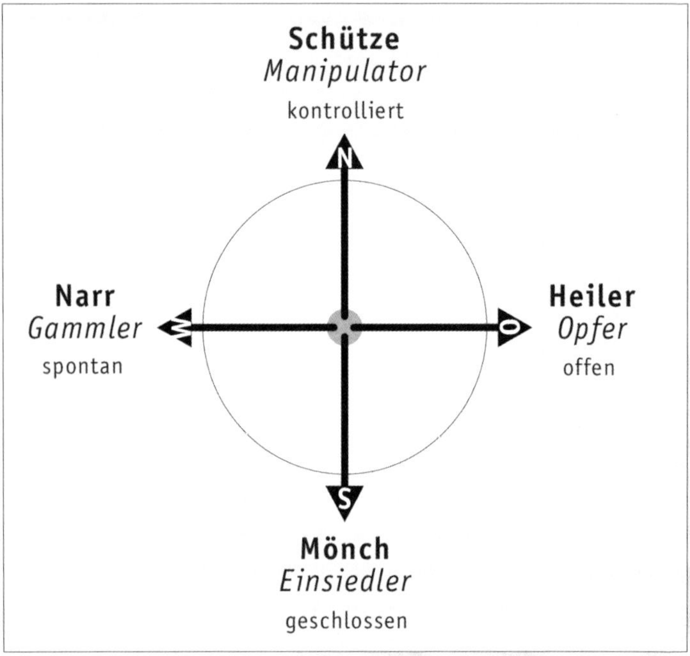

Süden

Zustand	geschlossen
Archetyp	**der Mönch**
Hochstapler	*der Einsiedler*

Im Süden können wir sehen, dass der geschlossene Zustand eine dunkle und eine helle Seite haben kann. Wer zu geschlossen ist, neigt dazu, zurückgezogen, selbstbezogen, sich übermäßig schützend, isoliert und einsam, ungesellig, nonkonformistisch und zu gut im Nein-Sagen zu sein. Dieser Hochstapler ist der Einsiedler.

Wenn die gleiche Person jedoch in ihrem Zentrum wäre und den Archetyp des Mönchs anriefe, würde sie sich mit der

Kraft der Selbstfürsorge verbinden. Das meint die Fähigkeit, die Tür zur Welt zu schließen, wenn es nötig und angebracht ist, und mehr Aufmerksamkeit auf sich selbst zu richten statt auf irgendetwas anderes, selbst wenn man mit anderen zusammen ist.

Durch Alleinsein entdeck ich
neue Dimensionen inneren Friedens.

Norden

Zustand	kontrolliert
Archetyp	**der Schütze**
Hochstapler	*der Manipulator*

Im Norden sehen wir, dass ein zu kontrollierter Mensch dazu neigt, allzu dominant, selbstgerecht, übertrieben selbstsicher und starr zu sein. Er braucht Kontrolle über andere Menschen und Situationen. Diesen Hochstapler nenne ich Manipulator.

Vom Zentrum aus wäre jedoch der Archetyp des Schützen zugänglich, der uns zu Selbstbeherrschung befähigt. Dazu gehört, Ziele zu setzen, Entscheidungen zu treffen, klare Grenzen zu ziehen, Dinge durchzusetzen, wenn es nötig und angebracht ist. Dafür bedarf es eines entspannten und doch scharfen Fokus und beständigen Engagements.

Durch Selbstbeherrschung entdeck ich
neue Dimensionen der Zielstrebigkeit.

Westen

Zustand spontan
Archetyp **der Narr**
Hochstapler *der Gammler*

Im Westen sehen wir, wenn jemand zu spontan ist, den Hochstapler Gammler mit seiner Neigung auftauchen, ziellos, apathisch, träge, resigniert, hoffnungslos, leicht zu beeinflussen, ausschweifend oder süchtig zu sein.

Der Archetyp des Narren, der nur vom Zentrum aus erreicht werden kann, bietet Meisterschaft in der Kunst der Spontaneität. Dabei gilt es, die eigenen Regeln zu brechen und sich völlig zu überraschen – wenn nötig und angebracht. Durch das Loslassen der normalen Abläufe springt man in das Unbekannte, auf unerforschtes Terrain, und folgt der Energie.

Durch Loslassen entdeck ich
neue Dimensionen der Kreativität.

Osten

Zustand offen
Archetyp **der Heiler**
Hochstapler *das Opfer*

Im Osten sehen wir, wenn jemand zu offen ist, kann er unfähig sein, Grenzen zu ziehen, oder wenn er zu exponiert ist, kann er unsicher und zu gut im Ja-Sagen sein. Dies weist auf den Hochstapler Opfer hin.

Der Archetyp, der hier als Heiler bezeichnet wird, beherrscht die Kunst, offen zu sein. Er ist nur vom Zentrum aus zugänglich. Mit seiner Hilfe wird es möglich, die üblichen Abwehrmechanismen fallen und sich auf einen freien und völlig ehrlichen Austausch einzulassen – wenn nötig und angebracht. Dazu gehört auch das freie Geben, also ohne die Erwartung einer Belohnung, und das freie Empfangen, ohne das Bedürfnis, etwas zurückzugeben.

Durch Verletzlichkeit entdeck ich
neue Ebenen der Intimität.

Zurück ins Zentrum

Wir müssen das Zentrum nie verlassen, um Zugang zu den Archetypen zu erhalten. Wenn wir das Zentrum verlassen und in eine bestimmte Himmelsrichtung zu gehen versuchen, stoßen wir unweigerlich auf den Hochstapler dieser Richtung. Wenn wir uns mit einem dieser Hochstapler oder einer Kombination aus mehreren von ihnen identifizieren, agieren wir nicht aus dem Zentrum heraus, und das lohnt sich nicht, wie wir erfahren haben.

Stattdessen lernen wir, uns innerlich blitzschnell zu drehen und die Kräfte des Archetyps anzurufen, der in diesem Augenblick nötig und angebracht ist. Manchmal müssen wir dafür unsere Herangehensweise an eine Situation, einen Menschen oder sogar unser ganzes Leben vollständig ändern. Wenn wir im Zentrum bleiben, ist dies viel einfacher, als du vielleicht denkst. Von dort aus kann alles seinen natürlichen Verlauf nehmen.

Dein Zentrum (oder deine Mitte) finden, ist ein Satz, den wir alle so oft gehört haben, dass wir nicht mehr wissen, was er bedeutet. Zunächst einmal können wir mit Hilfe dieses Modells des Menschlichen Hologramms sagen, dass es in der Mitte der Archetypen liegt und den gleichen Abstand zu jedem von ihnen hat. Wenn du also das Gefühl hast, dem einen oder anderen zu lange nahe gewesen zu sein, bring dich wieder in die Äquidistanz zurück. Zweitens fühlst du durch den Kontakt mit dem geerdeten Gefühl der Bereitschaft und einem weiten Gefühl der Wachsamkeit, was nötig und angebracht ist. So hast du die Ressourcen, darauf angemessen und vorbehaltlos zu reagieren. Du kannst diese Fähigkeit durch das Praktizieren des Erde-Geist-Mudras* entwickeln.

Da wir nun gerade vom Zentriertsein sprechen, wollen wir auch die möglichen Fallgruben und Goldminen der Zustände auf der vertikalen Achse des Hologramms untersuchen.

Erde

Zustand	erwartend
Archetyp	**die Nährende**
Hochstapler	*der Dickschädel*

Die Erde ist die Kraft, die mich erdet. Doch wenn ich vertikal aus dem Gleichgewicht bin und zu realistisch, neige ich dazu, allzu pragmatisch, in Vernünftigkeit erstarrt und stur in Rationalität und Logik stecken bleiben. Diesen

*Bd. 6, Kap. 2

Hochstapler nennen wir Dickschädel.

Von meinem Zentrum aus verankert mich jedoch der Archetyp der Nährenden in meinem Körper und gibt mir das Gefühl innerer Bereitschaft, vor allem in meiner unteren Körperhälfte, den Füßen, Beinen, Hüften und dem Bauch. In diesem Zustand bin ich entspannt, doch aufmerksam und voller Erwartung. Dank meiner physischen Sinne erfreue ich mich an der Welt und erkenne dankbar an, dass ich von der Erde bedingungslos unterstützt und genährt werde, diesem lebendigen, atmenden Organismus, von dem ich ein Teil bin.

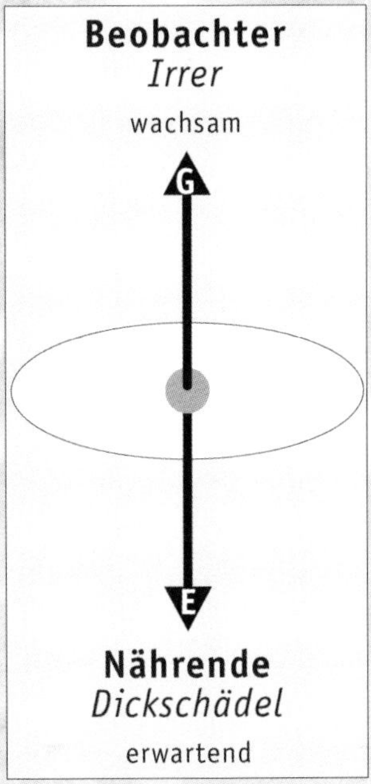

Durch gründliche Vorbereitung entdecke ich neue Dimensionen der Sicherheit.

Geist

Zustand	wachsam
Archetyp	**der Beobachter**
Hochstapler	*der Irre*

Der Geist ist meine Verankerung in dem, was jenseits der physischen Sinne liegt. Doch wenn ich vertikal aus dem Gleichgewicht und zu weit außerhalb meines Körpers bin, neige ich zu Realitätsverlust, bin höchst irrational, unlogisch und wahrscheinlich anfällig für psychische Störungen. Dieser Hochstapler ist bekannt als der Irre.

Doch wiederum ist mir von meinem Zentrum aus ein Archetyp namens Beobachter zugänglich. Er lenkt meine Aufmerksamkeit auf den größeren Plan der Dinge, während sich meine Wirbelsäule aufrichtet und ich mich der universellen Verbindung öffne. Wachsam und beobachtend, doch ohne zu urteilen, zu analysieren oder zu kategorisieren, nehme ich vollauf am Leben teil. Mit Demut und Dankbarkeit verneige ich mich vor dem Höchsten in mir.

Durch erweiterte Wahrnehmung entdecke ich neue Dimensionen der Einheit.

In jedem Band dieser Reihe ist die Essenz eines Archetyps eingeflossen. Als globale Repräsentanten der jeweiligen Ebene haben sie sich auf die eine oder andere Weise eingeschlichen, auch ohne beim Namen genannt zu werden.

Nachdem du dich in diesem Kapitel mit jedem von ihnen vertraut gemacht hast, stell dir nun die Erde unter dir und den Geist über dir vor. Male dir aus, wie es sich anfühlt, wenn die Nährende und der Beobachter voneinander angezogen werden und in deinem gesamten Körper zu einem harmonischen Gleichgewicht von Sicherheit und Einheit führen. In deinem Zentrum erschaffst du ein Gegenwartsbewusstsein, das mit deiner einzigartigen Kraft und Schönheit leuchtet.

Wenn du das regelmäßig übst und erfährst, wirst du seltener als bisher die Mitte verlieren und in die Muster der

Hochstapler verfallen. Du hast diese theoretischen Bezugspunkte für das Erreichen und Bewahren des inneren Gleichgewichts bekommen und damit etwas Klares, das dir helfen wird, sicher durch die Stürme deines betriebsamen Alltags zu steuern. Dieses Modell des Menschlichen Hologramms ist wie eine Landkarte, die dir klare Richtungshinweise gibt, wie du deine Mitte nicht nur finden, sondern auch bewahren kannst.

Fragen und Antworten

T: *Du hast erwähnt, es sei möglich, dass diese Archetypen in Kombination auftreten. Wie geschieht das? Was meinst du damit?*

O: Ja, im Rahmen unserer Gruppen arbeiten wir mit diesen Archetypen und erleben sie durch Bewegung. Wir nehmen uns jeweils einen vor und erforschen seine Feinheiten, als ob sie tatsächlich ausschließlich und getrennt voneinander aufträten. Zu diesem Zweck erzeugen wir eine Art kontrollierte Versuchsanordnung. Doch das Leben ist keine kontrollierte Versuchsanordnung, ganz gleich, wie experimentell es auch sein mag. In der Realität ist es also sehr selten, dass ein Archetyp für eine längere Zeit allein auftritt. Tatsächlich treten sie meist gemeinsam mit anderen Archetypen auf und ihre Kombination ändert sich ständig. Doch in unserer Arbeit gehen wir schrittweise vor, zuerst lernen wir die Buchstaben, dann die Wörter, dann setzen wir die Wörter zu Sätzen zusammen und schließlich zu ganzen Absätzen.

T: *Kannst du Beispiele für solche Kombinationen nennen?*

O: Denk mal nach! Du befindest dich vielleicht in einer Besprechung und merkst, dass du gezielter und entschiedener sein musst, um dein Ziel zu erreichen. Gleichzeitig möchtest du aber für deine Mitarbeiter verletzlich bleiben, damit du eine kommunikative Atmosphäre schaffen kannst. Du spürst, dass es nötig und angebracht ist, kontrolliert und offen zu sein, und wählst eine Kombination von Schütze und Heiler.

T: *Wenn wir also jeden Archetyp für sich üben, ist damit beabsichtigt, sie nach Bedarf kombinieren zu können?*

O: Genau. Das Kombinieren wird ganz intuitiv geschehen, nicht vom Kopf her. Ohne darüber nachzudenken, wirst du diese archetypischen Eigenschaften kombinieren, als ob du ein erfahrener Künstler wärst, der aus wenigen Farbtönen einen großen Farbreichtum mischen kann. Das wird jedoch erst geschehen, wenn du diese Grundfarben sehr gut kennst.

T: *Sind nicht bestimmte Archetypen positiver als andere? Ist nicht zum Beispiel die Offenheit des Heilers besser als der geschlossene Zustand des Mönchs?*

O: Du kannst dir fast dabei zusehen, wie du deinen Koffer packst und in den Osten gehst. *[Gelächter]* Verlass das Zentrum nicht! Kein Archetyp ist besser als der andere. Zentriert zu sein, wird durch ein Gleichgewicht zwischen der Erwartung der Nährenden und der Wachsamkeit des Beobachters bewirkt. Ohne diese vertikale Balance zwischen der Empfänglichkeit für die höheren Bedürfnisse und der Bereitschaft, sie zu erfüllen, verlierst du dein Zentrum. Also achte darauf, dieser vertikalen Achse den Vorrang zu geben.

Lichtberg-Meditation

Ebene 7

In allen sieben Bänden über das Menschliche Hologramm findest du eine schriftliche Anleitung zur Lichtberg-Meditation,• in jedem Band eine Stufe. Zusätzlich steht eine digitale Tonaufzeichnung im Internet zur Verfügung.•

Diese innere Reise zeigt dir einen Weg, die Erfahrung der Essenz des Zentrums zu vertiefen, und ermöglicht dir so eine intuitivere Herangehensweise. Gleichzeitig bietet sie dir einen direkteren Kommunikationsweg als das normale Bewusstsein, sodass du gezielt dein unbewusstes Selbst beeinflussen kannst.

Die wichtigen Elemente aus den vorangegangenen Ebenen findest du nachfolgend. Sie ermöglichen dir, die aktuelle Ebene zu erreichen. Wenn du deine Erfahrungen allerdings vertiefen möchtest, kannst du jede Ebene der Meditation von Beginn an stärken, indem du die vorangegangenen Bände liest und die Meditationen praktizierst.

•Eine Methode, die in der Form an Paul SOlomons *Inner Light Consciousness* angelehnt ist, jedoch vollständig überarbeitet wurde, um den Erfordernissen des Menschlichen Hologramms zu genügen.
•www.HumanHolographics.com/lbm-audio

Wenn du das getan hast, solltest du mit Hilfe der Anker und Auslöser der jeweiligen Ebene (Farbe, Duft und Affirmation) ziemlich schnell zur höchsten Bewusstseinsstufe auf dem Gipfel des Berges aufsteigen können. Allerdings empfiehlt es sich, die Erfahrung durch eine etwas längere Übungszeit auf jeder Ebene zu verstärken. Dabei bekräftigst du die verankerten Assoziationen und kannst sie dann leichter aktivieren. So bist du fähig, die Spitze des Berges schnell zu erreichen, wenn notwendig nur mit Hilfe des Mudras.*

Obwohl als Meditation bezeichnet, würde ich sagen, der größte Teil ist eher eine Kontemplation. Jede Ebene des Berges steht für ein Energiezentrum. Für ein vollständiges Erfassen des Ganzen sind Denken, Reflexion, Bedächtigkeit und Übung erforderlich. Um dich erfolgreich jeder Ebene nähern zu können, solltest du dich damit ein wenig beschäftigen.

Ich würde Meditation fast als das Gegenteil von Kontemplation bezeichnen. Meditation beruhigt und entleert den Geist. Wir erleben dies für kurze Momente auf den unteren Ebenen, wenn wir auf der Südseite des Berges in der Farbe Orange die Präsenz des Seins genießen, doch das Reich der Egolosigkeit erforschen wir erst wirklich, wenn wir den Lichttempel auf der Spitze des Berges erreichen.

Zuerst geschieht das natürlich, wenn wir uns mit Vater Geist verbinden und im weißen Licht baden. Aber es kann immer noch sein, dass wir etwas tun oder erreichen wollen, auch wenn es sich dabei um absoluten Frieden handelt. Wenn wir schließlich die siebte Ebene der Meditation, unser

*Daumen und Zeigefinger berühren sich mit den Spitzen, das verankert die Bewusstseinsebene der Spitze des Berges in der Meditation; vorgestellt i. Bd. 6

Zentrum, erreichen, gibt es nichts zu sein, nichts zu wissen, nichts zu tun oder zu fühlen. Das mag zunächst vielleicht langweilig klingen, ist aber die Essenz von Meditation.

Du musst also verstehen, dass all die Schritte, die uns ins Zentrum des Menschlichen Hologramms führen, aus dem Grund gemacht werden, uns durch eine aufmerksame Kontemplation zur Meditation zu bringen. Sobald wir an der Schwelle eines meditativen Zustands stehen, sind wir gut darauf vorbereitet, in ihm zu verweilen. Trotzdem erfordert Meditation auch Übung, Geduld und Ausdauer. Sei versichert, dass du bestens auf die Meditation vorbereitet bist, wenn du dich auf die vorgeschlagene Art zum Zentrum begibst oder in die Leere, wie es manchmal heißt.

Vorbereitung

▷ Sorge dafür, dass du nicht gestört wirst.
▷ Sitze bequem mit aufrechter Wirbelsäule oder leg dich hin.

3-Punkt-Atmung

Mach es dir bequem und beginne mit der 3-Punkt-Atmung. Atme durch die Nase in den Bauch hinein, dass er sich wölbt, bis die Lunge zur Hälfte gefüllt ist. Halte den Atem einen Moment an (Punkt 1). Atme dann weiter durch die Nase ein, bis die Lunge vollständig gefüllt ist. Dehne den Brustkorb dabei so weit wie möglich aus und halte den Atem wieder an (Punkt 2). Lass schließlich den Atem mit einem Seufzer durch den Mund los, entspanne dich vollständig und mach einen Moment nichts (Punkt 3). Dann wiederhole den Ablauf ganz bewusst in deiner eigenen Geschwindigkeit. Werde bei jedem Durchlauf langsamer. Nimm schließlich einen allerletzten, tiefsten und bewusstesten Atemzug und lass los.

Durchlaufen der vorhergehenden Ebenen

Jeder Ebene wird eine Farbe, ein Duft, eine Affirmation, ein Bild und eine kinästhetische Empfindung zugeordnet. Diese nutzt du, um eine spezifische Erfahrung zu verankern und sie später leicht reaktivieren zu können. Wenn du noch keine praktischen Erfahrungen auf den Ebenen eins bis sechs gesammelt hast, dann erschaffe sie hier und jetzt Kraft deiner Phantasie. Erzeuge dabei eine möglichst intensive Erfahrung.

Ich atme mit einem Seufzer durch den Mund aus und schwebe in meiner Phantasie zu einem Platz von außergewöhnlicher Kraft und Schönheit tief in der Natur. Dieser sogenannte Ort des Kommens und Gehens dient als Übergang zwischen der inneren und der äußeren Welt. Hier werden alle meine inneren Sinne lebendig und verschaffen mir eine reichhaltige und umfassende Erfahrung. Hier lebt ein Krafttier, das mein Freund und Verbündeter ist. Wir begrüßen einander herzlich. Es lenkt meine Aufmerksamkeit auf einen majestätischen Lichtberg in weiter Ferne. Gemeinsam machen wir uns dorthin auf den Weg.

Am Fuße des Lichtbergs gelangen wir an einen Fluss, der friedlich dahinplätschert. Dort lasse ich meinen Verbündeten zurück, gehe ins Wasser um mich zu reinigen und spreche die Worte: »Ich widme diese Reise dem Höchsten in mir und erwarte transformiert zu werden.« So sei es.

Auf der anderen Seite des Flusses werde ich unmittelbar durch eine Öffnung im Boden nach unten gezogen und befinde mich in einem roten Tempel, dem heiligen Tempel der Erde. Ich atme tief ein, als ob ich in mein erstes Energiezentrum hineinatmen würde, und rieche die Farbe Rot. Während ich die Flammen der Vitalität spüre, spreche ich innerlich die Worte: »Ich öffne das Tor zur Erde und werde vom Feuer der Transformation erweckt.« Ja, Leben. Danke, Mutter Erde.

Spiralförmig steige ich zur Südseite des Lichtbergs auf. Ich nehme einen tiefen Atemzug in meinen Bauch, das zweite Energiezentrum, und rieche die Farbe Orange. »Ich habe einen Körper, aber ich bin nicht mein Körper.* Ich lasse ihn hier zurück, damit er sich ausruhen kann.«

Wieder in Spiralen bewege ich mich hinauf zur Nordseite des Lichtbergs, atme tief in meinen Solarplexus, das dritte Energiezentrum, und rieche die Farbe Hellgelb. »Ich habe einen Verstand, aber ich bin nicht mein Verstand.* Ich lasse alle sehnsüchtigen und zurückweisenden Gedanken los.«

Ich bewege mich weiter spiralförmig nach oben auf die Westseite des Lichtbergs. Ich nehme einen tiefen Atemzug in mein goldschimmerndes Herz, das vierte Energiezentrum, und rieche die Farbe Smaragdgrün. »Ich habe Emotionen, aber ich bin nicht meine Emotionen.* Ich gebe mein Herz dem Höchsten in mir hin.«

*inspiriert durch Roberto Assagiolis psychologisches Prinzip des Desidentifizierens

Auf der Ostseite des Berges atme ich tief in meine Kehle und meinen Nacken ein, das fünfte Energiezentrum, und rieche die Farbe Hellblau. »Ich habe eine neue und höhere Bewusstseinsebene betreten, auf der alles eins ist.«

Auf dem Gipfel des Berges atme ich gleichsam durch mein drittes Auge, das sechste Energiezentrum, an jeder Hand berühren sich Zeigefinger und Daumenspitze und ich spreche die Worte: »Sei still und lausche und wisse, dass ich Gott bin.« Damit werde ich im weißen Licht des heiligen Lichttempels willkommen geheißen, in dem mein Meister-Bewusstsein wohnt.

Baden im weißen Licht

Ich gehe in das weiße Licht des Tempels und bade darin. Ganz entspannt erlebe ich ruhige Einheit, völligen Frieden, vollkommenes Gleichgewicht, absolute Harmonie, grenzenlose Kraft, unendliche Liebe und unendliches Mitgefühl. Durch das weiße Licht verbinde ich mich mit Vater Geist und bin mit allen Dingen im universellen Bewusstsein vereint.

In den vertikalen Lichtstrahl gehen

Im Zentrum dieses himmlischen Ortes befindet sich ein vertikaler Strahl weißen Lichts. Dies ist die Quelle des Lichts, die den ganzen Tempel erleuchtet. Immer stärker davon angezogen, lasse ich mich schließlich ganz hineinziehen.

Ich nehme einen tiefen und ganz bewussten Atemzug, als ob ich durch den Scheitel atmen würde, das siebte Energiezentrum. Dabei schmilzt das Schädeldach, es öffnet sich und nimmt das universelle Licht auf. Der vertikale Strahl weißen

Lichts erfüllt die gesamte Wirbelsäule und aktiviert alle Energiezentren, dass die Farben des Regenbogens erstrahlen.

Das Bewusstsein durch tiefes Lauschen erweitern

Ich richte alle Aufmerksamkeit darauf, was ich höre. Zuerst lausche ich auf Geräusche in der Nähe, dann auf die entferntesten wie das Rumpeln der Erde, die hohen Töne der Planeten, die Symphonien der Sterne und das Flüstern des Kosmos. Ich dehne mein inneres Ohr aus, lausche fernsten Klängen, und mein Bewusstsein weitet sich. Während ich den fernen Klängen lausche, nehme ich auch alle anderen Klänge auf, alle sind eins, alle sind Teil des Einen. Umfassen, lieben, zulassen – schmelzen. Während sich das Bewusstsein ausdehnt, löst sich das kleine Ich in der Leere auf.

Einssein in der Leere

Es ist, als würde ich im Nichts des reinen Bewusstseins schweben. Nichts sein, nichts wissen, nichts tun, nichts fühlen – doch eins mit allem und überall. (Lass dir dafür soviel Zeit, wie du brauchst.)

Segnung im Tempel

Achtsam kehre ich in den heiligen Lichttempel zurück. Ich nehme mir Zeit, Segnungen weißer Magie mit Licht und Liebe an Personen und Orte meiner Wahl zu schicken. Ich erschaffe eine wunderschöne Realität, im Einklang mit meinem freien Willen als der Meister, der ich bin, in Zusammenarbeit mit dem Licht und in seinem Dienst und zum Wohle aller Beteiligten. All dies lege ich in Dankbarkeit, Demut und ewiger Liebe in die Hände des Lichts. So sei es.

Rückkehr

Ich trage all die Segnungen des weißen Lichts in mir und komme wieder an der Inschrift am Eingang vorbei: »Sei still und lausche und wisse, dass ich Gott bin.« Während ich diese Worte innerlich spreche, löse ich Daumen und Zeigefinger beider Hände.

Mit erleuchtetem Geist verlasse ich den Gipfel des Berges im Indigo des Weltraums und bewege mich spiralförmig zur Farbe Himmelblau an der Ostseite des Berges. Mit einer freien Seele verlasse ich den Osten und bewege mich spiralförmig abwärts zum Westen in seinem Smaragdgrün. Mit reinem Herzen begebe ich mich weiter nach unten zum Norden in der Farbe Hellgelb. Mit zufriedenem Solarplexus und klarem Verstand verlasse ich den Norden und bewege mich zum Bauch in der orangen Farbe des Südens. Ich wackle mit den Zehen, atme in meinen Bauch, und fühle mich von meinem entspannten Körper umhüllt. Ich bewege mich nach unten in den roten Tempel von Mutter Erde, rieche die Farbe Rot, presse die Gesäßmuskeln zusammen, erinnere mich an das Geschlecht meines Körpers und nehme noch einen tiefen Atemzug.

Ich steige auf zur Oberfläche, spritze mir etwas Wasser ins Gesicht und kehre mit meinem Krafttier zurück zum Ort des Kommens und Gehens. Ich danke meinem Verbündeten, der sich in die Natur zurückzieht, und entbiete dem Höchsten im Lichtberg, weit in der Ferne, eine Geste der Dankbarkeit. Mit einem letzten, tiefen Atemzug in dieser frischen Luft der Natur lasse ich das Bild schmelzen.

Ich atme, wackle mit den Zehen und Fingern, recke und strecke meinen Körper und kehre erfrischt und verjüngt zurück.

Tiefes Lauschen

Die Beruhigung des Verstandes ist wesentliches Merkmal der Meditation. Es gibt verschiedene Wege, dies zu erreichen. Bei den meisten Meditationsmethoden wird die Aufmerksamkeit auf etwas Bestimmtes fokussiert. Bei regelmäßigem Üben schaltet dies den Denkprozess aus und verlangsamt den unaufhörlichen inneren Dialog oder beendet ihn ganz.

Bei den traditionellen oder klassischen Methoden wird die Aufmerksamkeit auf das Nichtsein oder wie man auch sagen könnte, auf nichts gerichtet. Stärker westlich orientierte Methoden nutzen oft sinnliche Bezugspunkte wie etwas, das man sehen, hören, spüren oder sogar riechen kann. Ich habe festgestellt, dass eine Kombination beider Ansätze für die meisten am besten funktioniert.

Ich dränge meine Schüler und Schülerinnen immer mehr, die Zentrierung ihrer Aufmerksamkeit auf den Hörsinn, auf tatsächliche und eingebildete Geräusche zu üben und zwar auf eine Weise, die sie ermutigt, einen immer größeren Bereich des Daseins zu erfassen. Sehr schnell erweitert sich dieser Bereich so sehr, dass es sogar ihr Vorstellungsvermögen übersteigt, ihnen also gewissermaßen ›den Verstand raubt‹. Tatsächlich wird der Übende zu einem Gewahrsein des Nichts oder zu tiefster Stille geführt.

Ich spreche von tiefem Lauschen. In der Lichtberg-Meditation wirst du angeleitet, zuerst auf die nahen und dann auf immer fernere Geräusche zu hören. Aber ich spreche hier vom buchstäblichen Lauschen auf tatsächliche Geräusche in der Umgebung, zumindest anfangs. Wenn du also den weißen

Lichtstrahl im Lichttempel betrittst, hörst du vielleicht zuerst deinen eigenen Atem, das Knarren der Holzkonstruktion des Hauses oder das Rauschen der Blätter in den Bäumen.

Doch wenn du dein Lauschen weiter ›ausdehnst‹, wirst du etwas Interessantes feststellen. Dein Körper und, noch wichtiger, dein Verstand, gehen in einen Zustand der Stille über. Du erinnert dich vielleicht, dass du in deiner Kindheit nachts allein in einem großen Haus alle möglichen Geräusche gehört hast. In einem Zustand erhöhter Wachsamkeit werden die Ohren gespitzt, besonders wenn die visuelle Wahrnehmung beschränkt ist.

Auch wenn du ruhig und friedvoll bist und die Augen schließt, richtet sich deine Aufmerksamkeit verstärkt auf die Hörfähigkeit. Wenn du die Klänge der Erde, der Planeten und Sterne ›hörst‹, erzeugst du mit Hilfe der Vorstellungskraft einen wachen und zugleich tief beruhigten Geist, einen Zustand der Egolosigkeit, der kostbar ist.

Still sein und lauschen erweitert dein Bewusstsein so, dass du den Klang des Nichts hörst. Wenn du von diesem sanften Hauch durchdrungen wirst, ist es, als hörtest du den Atem Gottes. Tiefes Lauschen beruhigt Körper und Verstand bis zu einem Grad der Stille, in dem Meditation von ganz allein geschieht.

Die Sprache der Götter

Es heißt, die wahre Sprache der Götter sei nicht Aramäisch, Hebräisch oder Sanskrit, wie es viele Theologen und Historiker behauptet haben, sondern unsere Träume. Ja, die Träume, die wir alle jede Nacht träumen und in denen uns im Allerheiligsten des Schlafes geheimnisvolle Botschaften gegeben werden. Das Problem ist, dass wir meist nicht gelernt haben, ihre Botschaft zu verstehen.

Möglicherweise schenkst du deinen Träumen wie die meisten nicht so viel Beachtung. In diesem Fall würde dir ein wertvolles Bindeglied zum Geist und damit zu deiner inneren Führung fehlen. Für die Hohepriester der Sumerer waren Botschaften im Traumzustand Anweisungen des Himmels an die Könige. Auch die alten Ägypter hielten Träume für eine Quelle göttlicher Weisheit. Aber wie können wir wissen, ob Träume wirklich Botschaften unseres höheren Selbst sind?

Wir wissen es nicht. Und wir wissen auch nicht, was sie bedeuten. Manche, Sigmund Freud beispielsweise, halten Träume für eine Art verdeckte Erfüllung eines unterdrückten Verlangens, andere sehen in ihnen ein Phänomen ohne besondere Bedeutung wie der frühe griechische Philosoph Heraklit. Doch niemand weiß es genau. Im Laufe der Menschheitsgeschichte gab es stets einige wenige, die versucht haben, die Symbole und Botschaften ihrer Träume zu sammeln, zu kategorisieren und schließlich zu verstehen. Obwohl es viele Gemeinsamkeiten zwischen den verschiedenen Schulen der Traumdeutung gibt, gibt es noch keine Übereinstimmung, durch die eine hundertprozentige Entschlüsselung unserer Träume garantiert werden könnte.

Wir wissen, dass die Art und Weise, wie wir etwas wahrzunehmen beschließen, in diesem Fall unsere Träume, bestimmt, ob es uns stärkt oder schwächt, ganz gleich, ob die gewählte Wahrnehmung richtig oder falsch ist. Für mich ist der beste Weg zum Verständnis meiner Träume, sie so zu deuten, als wären sie verschlüsselte Botschaften meines Meisterlehrers,* die speziell an mich gerichtet sind. Mit wenigen Ausnahmen, zum Beispiel Warnungen vor künftigen Ereignissen, scheinen sich die meisten Träume einer Symbolik zu bedienen. Sie entstammt der unbewussten Erinnerung und kommentiert aktuelle Ereignisse. Ich nehme also an, mein überbewusstes Selbst (der Meisterlehrer) versucht, mein bewusstes Selbst im Traum zu kontaktieren. Deshalb gehe ich davon aus, dass es die Sprache meines Unbewussten spricht.

Ich möchte betonen, dass die Ausdrucksmöglichkeiten meines Unbewussten aus einer Vielzahl von Quellen stammen und sich, ganz gleich wie merkwürdig sie sind, nicht auf meine persönlichen Erfahrungen beschränken. Manchmal

*oder Meisterlehrerin bezieht sich auf das überpersönliche Selbst, den göttlichen Aspekt der menschlichen Psyche, der die höchste Quelle von Liebe, Weisheit und innerer Führung repräsentiert (s. Bd. 1)

werden zur Übermittlung der Botschaft archetypische Bezüge verwendet, als ob das Unbewusste mit der Menschheitsgeschichte und der Menschheit im allgemeinen verbunden sei und nicht nur zu einem einzelnen Menschen gehöre. Es hat auch viel Sinn für Humor und benutzt kleine Tricks wie Wortspiele und alles, was meine Aufmerksamkeit wecken und mich mit einer wichtigen Information, mit einem anderen Puzzleteilchen verbinden könnte, um das Gesamtbild sichtbarer zu machen.

Hörst du auf deine Träume?

Jeder Mensch träumt. Wenn du aber nicht gewohnt bist, auf deine nächtlichen Träume zu hören, bist du vielleicht aus der Übung und erinnerst sie nicht. Das Unbewusste muss sozusagen überzeugt werden, dass du wirklich hören willst. Dafür empfehle ich einen Trick, den mich Paul Solomon lehrte.

Zunächst einmal beschaffe dir einen großen und lauten Aufziehwecker und stell ihn auf drei Uhr morgens, eine gute Traumzeit. Leg ihn unter dein Kissen. Wenn er klingelt, schreckst du aus deinem Schlaf hoch und erinnerst dich wahrscheinlich an nichts. Du kannst einfach wieder einschlafen. In der zweiten Nacht gehst du genauso vor. Du wirst dich nur halb so sehr erschrecken und dich vielleicht an einen Bruchteil des Traums erinnern. In der dritten Nacht bist du wahrscheinlich im Halbschlaf, wenn der Wecker klingelt, und erinnerst dich an einen Teil des Traums.

Doch in der vierten Nacht, falls deine Erfahrungen meinen ähnlich sind, wirst du einige Minuten vor drei Uhr aufwachen, den verdammten Wecker ausstellen, dich an den ganzen Traum erinnern, das Licht anmachen und ihn aufschreiben. Du hast dein Unbewusstes davon überzeugt, dass du es mit deinem Wunsch, dich an Träume zu erinnern, ernst gemeint hast, und es hat darauf reagiert, indem es den Traum geträumt und dich rechtzeitig und sanft aufgeweckt hat. Du hast das vielleicht schon erlebt, wenn du früh aufstehen musst, aber keinen Wecker hast und doch von deinem Unbewussten rechtzeitig geweckt wirst.

In der schamanischen Sichtweise wird die Zeit am Tage, also im Wachbewusstsein, genauso als Traum betrachtet wie der Traum im Schlafzustand. Der Traum hält rund um die Uhr an und ist mit dringlichen Mitteilungen vollgepackt. Daher ist es wichtig, die Träume aufzuschreiben, die du einer näheren Betrachtung für nötig hältst. Wenn du zum Beispiel im Tagesverlauf etwas erlebst, das du nicht verstehst, kannst du es aufschreiben und genauso wie einen nächtlichen Traum betrachten.

Je nach Bewusstseinsgrad und Fähigkeit hört man vielleicht nicht die Botschaft des Meisterlehrers. Wenn eine Lektion im Laufe eines Tages nicht bewusst empfangen wird, kann sie nachts im Traum erneut auftauchen. Wenn die Lektion Nacht für Nacht und Tag für Tag nicht verarbeitet wird, kann die Unterweisung intensiver und dramatischer werden, bis dem Thema genügend Aufmerksamkeit geschenkt wird.

»Widerstand ist zwecklos«, würden die Borg* sagen, weil das Ego nicht entfliehen kann. Je eher wir uns also unseren rätselhaften Herausforderungen stellen und lernen, welche

*Rasse kybernetischer Organismen im fiktiven Universum der Star-Trek-Filme

Geschenke sie für uns bereithalten, umso besser. Die Entschlüsselung der eigenen Träume ist eine tiefgehende Art, vor dem Meisterlehrer zu knien, die Weisheit des inneren Höchsten zu befragen und – zuzuhören.

Sieben Schritte zur Traumdeutung

Ich möchte dir eine leichte und informative Methode vorstellen, die ich im Laufe der Jahre für die in (Tag- und Nacht-) Träumen verborgenen Botschaften entwickelt habe. Ob du schläfst oder wachst, es gibt immer wieder Szenarien und Situationen, die sich zeigen und um Klärung und Erklärung bitten. Die sieben Stufen werden dir dabei helfen.

Am besten betrachtest du einen nächtlichen Traum mit diesen sieben Schritten gleich am Morgen danach. Ein Tagtraum sollte am Abend vor dem Einschlafen bearbeitet werden.

Wie immer bestimmt die Art und Weise, wie du dich dem Meisterlehrer näherst, den inneren Gewinn, den du davon hast. Also durchlaufe diese Schritte mit freudiger Erwartung, Demut, Spannung und Hingabe. Deine rationalen und intuitiven Fähigkeiten werden bei diesem Verfahren in Anspruch genommen. Ich empfehle schnell und entspannt zu arbeiten. Wenn du dich dem Meisterlehrer öffnest, sprichst du mit dir selbst. Du kannst davon ausgehen, dass dieser Teil von dir die Botschaft des Traums bereits kennt. Zerbrich dir also nicht den Kopf und hab viel Spaß dabei.

Bevor du nun mit den sieben Schritten beginnst, ist es wichtig, den Traum aufzuschreiben, und zwar in Ich-Form und im Präsenz und so kurz und knapp wie möglich. Es ist eine gute Idee, dein Tagebuch* zu benutzen, Schreibpapier tut es auch.

Die sieben Schritte

1 **Überschrift**

Nachdem du den Traum durchgelesen hast, stell dir vor, er wäre eine Kurzgeschichte, die in der örtlichen Buchhandlung im Regal steht. Lass dir von deiner Intuition dabei helfen, dieser Geschichte einen treffenden, humorigen Titel zu geben.

2 **Intuitive Zusammenfassung**

Erzähle die Geschichte in Kurzfassung. Schreibe lediglich intuitiv ein paar Sätze oder Absätze (Ich-Form, Präsenz) mit den wichtigsten Ereignissen des Traums auf. Wichtige Ereignisse sind oft von einem Ortswechsel oder einer neuen Umgebung begleitet. Das braucht keinen Sinn zu ergeben oder moralisch korrekt zu sein.

3 **Symbole und Assoziationen**

Lies deine Zusammenfassung noch einmal und markiere rasch die Wörter, die du intuitiv als die energetisch am stärksten aufgeladenen empfindest. Das sind gewöhnlich die Substantive und Verben und einige Adjektive. Betrachte diese Wörter als unabhängige Symbole, die nicht mit dem Traum in Zusammenhang stehen. Liste sie einfach gesondert auf und

*Ein Notizbuch mit schönem Umschlag oder ein digitales Format, in das du alle Schreibübungen einträgst. Die Aufzeichnungen und ihre Gestaltung sollten etwas ganz Persönliches und Kostbares für dich sein.

ordne jedem ein oder zwei Wörter als intuitive Interpretation zu. Diese Interpretationen werden wir im Folgenden als Assoziationen bezeichnen.

4 Intuitive Neufassung

Diesen Schritt kannst du in die folgenden Teilschritte untergliedern, obwohl das nicht nötig ist. Ersetze zunächst die markierten Wörter im Text durch die Assoziationen aus der Liste. Dann formuliere die Sätze so, dass sie im Zusammenhang mit dir und deinem Leben mehr Sinn ergeben. Formuliere schließlich eine destillierte Version, die sich wesentlich auf deine aktuelle persönliche Lage bezieht. Sobald du mit diesem Schritt etwas Übung hast, kannst du die Liste deiner Assoziationen einfach wieder und wieder lesen, bis du intuitiv vollständige Gedanken bildest, die direkt mit deinem Leben zu tun haben.

5 Das Geschenk

Wenn du diese verdichtete Version immer wieder liest, wird sich mindestens ein wichtiger positiver Punkt zeigen, der deine Möglichkeiten widerspiegelt – und ein Gegengewicht für deine vorherige Beschränkung ist. Dieser positive Punkt oder dieses Ideal ist wie ein Geschenk, das du durch den Traum erhalten hast. Fasse dieses Ideal in ein Wort oder einen kurzen Satz.

6 Projektion mit Hilfe des dritten Auges

Projiziere von deinem Lichttempel aus ein imaginäres Szenario, in dem du dich selbst dabei siehst, hörst und fühlst, wie du dieses Geschenk zur richtigen Zeit am richtigen Ort mit einem Ja für alle Beteiligten einsetzen kannst. Erzeuge mit anderen Worten eine Weiße-Magie-Erfahrung, bei der dieses Geschenk positive Veränderungen in deinem persönlichen Leben und in aktuellen Angelegenheiten bewirkt.

7 Äußere Verankerung

Bring dieses Geschenk irgendwie auf die Erde und setz es in die Tat um – und zwar heute. Beweise dir immer wieder neu, dass du dieses Geschenk erfahren und/oder zum Ausdruck bringen kannst.

Hier ein mit den sieben Schritten bearbeiteter Traum eines Seminarteilnehmers:

Ich laufe endlos durch Wälder, über Hügel, Klippen am Meer und hoch oben in den Bergen. Irgendwann wird klar, dass ich an einem wunderschönen Tag in den Bergen Norwegens bin und eine unglaubliche Aussicht habe. Plötzlich scheine ich ein wichtiges Treffen mit einer Gruppe von Unbekannten vergessen zu haben und ich werde bestimmt zu spät kommen. Ich fühle einen unglaublichen Druck, mich zu beeilen und rechtzeitig hinzukommen, aber es scheint hoffnungslos. Die Bergstraße, die ich hinunter renne, ist vereist, was zu einer unerwarteten Gefährdung und Verzögerung führt. Es gibt auch weitere Vorgänge am Straßenrand, die nach meiner Aufmerksamkeit heischen und mich manchmal noch mehr ablenken. Schließlich erreiche ich das Tal. Doch als ich dort ankomme, merke ich, dass ich es zu dem Treffen objektiv gesehen nicht rechtzeitig schaffen werde.

1 Überschrift

Wie man es nicht schafft.

2 Intuitive Zusammenfassung

*Ich bin auf einem **Berg**[*] in **Norwegen,** und es ist ein **schöner Tag.** Ich muss unter enormen **Zeitdruck** irgendwohin gehen, und ich **habe Angst,** es **nicht** zu **schaffen.** Die **Straße ist vereist.** Das wird mich noch mehr **aufhalten** und es ist **gefährlich. Unbekannte Dinge halten** mich noch mehr **auf.** Als ich im **Tal** bin, ist **das Schlimmste vorbei** – aber **objektiv** gesehen, werde ich es **nicht schaffen.***

3 Symbole und Assoziationen

Berg	Überblick
Norwegen	Freiheit und Natur
schöner Tag	gute Laune
Zeitdruck	äußere Kontrolle
Angst haben	unsicher
nicht schaffen	vergeblich
vereiste Straße	gefährlich
aufhalten	Ablenkung
gefährlich	Angst, Fehler zu machen
unbekannte Dinge	positive und negative Aufregung
Tal	lieblich und fruchtbar
das Schlimmste (vorbei)	Erleichterung
objektiv	Gewissheit

*die fett gestellten Wörter beziehen sich auf Schritt 3

4 Intuitive Neufassung

Erste Version, bei der die Symbole einfach nur durch die Assoziationen ersetzt werden:

Ich bin in einem ***Überblick*** *in* ***Freiheit und Natur*** *und es ist eine* ***gute Laune****. Ich muss unter enormer* ***äußerer Kontrolle*** *irgendwohin gehen und ich* ***unsicher,*** *es* ***vergeblich****. Die* ***gefährlich.*** *Das wird mich noch mehr* ***Ablenkung****, und es ist* ***Angst, Fehler zu machen. Positive und negative Aufregung*** mich *noch mehr* ***Ablenkung****. Als ich im* ***lieblich und fruchtbar*** *bin, ist* ***Erleichterung*** *– aber* ***Gewissheit*** *gesehen, werde ich es* ***vergeblich.***

Zweite Version, intuitiv auf die aktuelle Lebenssituationen bezogen:

Ich habe in meiner ***natürlichen Freiheit*** *den* ***Überblick*** *und bin in einer* ***guten Verfassung.*** *Doch sobald ich mich extremer* ***äußerer Kontrolle*** *ausgesetzt fühle, werde ich* ***unsicher****, dass alles* ***vergeblich*** *sein könnte. Die* ***Gefahr****, die mich am meisten* ***ablenkt****, ist die* ***Angst, Fehler zu machen.*** *Auch* ***zu viel Aufregung*** *kann mich* ***ablenken****. Wenn ich* ***offen und entspannt*** *bin, bin ich* ***erleichtert*** *– doch ich bin ganz* ***sicher****, dass es* ***vergeblich*** *ist.*

Dritte Version, auf die wesentliche Aussage reduziert:

Wenn ich allein bin, habe ich den Überblick und fühle mich lebendig. Wenn ich mit anderen bei der Arbeit zusammen bin, vergeude ich meine Energie. Die gefährlichste Ablenkung ist die Angst, Fehler zu machen.

5 Das Geschenk

Mut, Fehler zu machen.

6 Projektion mit Hilfe des dritten Auges

»Sei still und lausche, und wisse, dass ich Gott bin.« Ich mache das Daumen-Zeigefinger-Mudra, betrete den Tempel und bade im weißen Licht. Ich lenke das Licht auf eine Situation bei der Arbeit, in der ich mich immer unter dem Druck gefühlt habe, alles perfekt machen zu müssen, aber nie fähig war, mich weiterzuentwickeln, weil ich immer so viel Angst hatte. Nun begebe ich mich voller Selbstliebe, Selbstakzeptanz und Mut in die gleiche Situation. Ich strahle das Bewusstsein aus, dass meine Fehler wertvolle Lektionen sind, die mir helfen, einen klareren Weg zum Erfolg zu bahnen. Ich fühle mich wunderbar frei, völlig sicher und im Grunde viel kreativer und produktiver als je zuvor. In mir ist ein klares Ja zu allem, was hier geschieht, zum Wohle aller Beteiligten und im Dienste des Lichts. So sei es.*

7 Äußere Verankerung

Ein besonderes Ereignis des heutigen Tages sticht heraus. Es war eine Situation, in der ich Mut brauchte, anderen zu erlauben, mich einen Fehler machen zu sehen. Ich bestellte einen Kaffee mit einem dieser exotischen Namen, den ich völlig falsch aussprach. Interessant ist, dass ich, statt leise zu sprechen, um mein Unwissen zu verbergen, tatsächlich mit erhobener Stimme sprach. So konnten die anderen, die mit mir in der Schlange standen, meinen Fehler hören. Nun, es gab ein Gelächter, und es stellte sich heraus, dass die anderen

*Affirmation der sechsten Ebene der Lichtberg-Meditation

auch Schwierigkeiten mit der Aussprache hatten. Jedenfalls weiß ich jetzt, es heißt Naked Mochasippi.

Mein Traum

▶ Jetzt bist du an der Reihe. Vielleicht hattest du vor kurzem einen nächtlichen Traum oder vielleicht benutzt du eine kürzlich erlebte Situation, die dich noch immer verwundert. Die sieben Schritte helfen beispielsweise auch, tiefgehende oder rätselhafte Meditationserfahrungen oder sogar beunruhigende Tagträume (Phantasien oder Einbildungen im Wachzustand) zu klären.

Bei der Arbeit mit Teilnehmern meiner Seminare habe ich sogar Zeitabschnitte wie die letzten sechs Monate oder ganze Lebensphasen als Traum gedeutet. Wenn du alle Bände dieses Werks gelesen hast, kannst du eine kurze Zusammenfassung des Prozesses, den du dabei durchläufst, wie einen Traum aufschreiben.

Je häufiger du diese sieben Schritte anwendest, desto leichter wird es gehen und umso schneller wirst du sie durchlaufen können. Tatsächlich wirst du nach einer Weile deine Symbole und Assoziationen so gut kennen, dass du die ersten Schritte überspringen und direkt mit der intuitiven Neufassung, der verdichteten Version beginnen kannst. Wenn du richtig gut darin geworden bist, wirst du dich noch während des Träumens beim Deuten des Traums ertappen und dann einfach die wesentlichen Anweisungen aufschreiben, die sich auf aktuelle Themen und Probleme beziehen. Viel Glück! Hör gut auf deine Träume und viel Vergnügen.

Stärkung deiner essentiellen Kraft

Wie du bei den sieben Schritten unserer Traumarbeit gesehen hast, geht es beim Entschlüsselungsvorgang zunächst um eine Verdichtung der Information, dann um die assoziative Interpretation von Symbolen, die intuitive Anwendung auf Lebensfragen und schließlich um die Verdichtung in eine einzige, allgemeine, ideale Eigenschaft. Über die Grundinterpretation der Botschaft hinaus finde ich es nützlich, durchaus etwas Praktikables abzuleiten, um die Botschaft ganz auf die Erde bringen und in den Alltag integrieren zu können. *Ich möchte wissen, was mir wirklich vorgeschlagen wird und wie es mein Leben positiv verändern kann.*

Manchmal werden wir damit gesegnet, dass wir einen notwendigen Schritt erkennen, den wir in unserem Leben tun sollten. Doch ganz gleich, ob wir dies nun durch eine Traumdeutung, eine tiefe Meditation oder ein Ayahuasca-Ritual* erkannt haben, wir scheinen oft nicht in der Lage, diesen Schritt wirklich zu tun. Jeder dieser möglichen Fortschritte kann als eine wirklich wichtige und wesentliche Sprosse auf der Leiter des spirituellen Aufstiegs angesehen

*psychoaktiver Sud, der von Schamanen Südamerikas verwendet wird

werden. Wenn eine Sprosse fehlt, ist der Schritt zur nächsten vielleicht doppelt so weit.

Welchen Schritt solltest du also jetzt machen? Vielleicht wäre es besser zu fragen, welche essentielle Qualität brauchst du an diesem Punkt deines Lebens am meisten? Ob du nun schon das gesamte Menschliche Hologramm bereist hast oder nicht, du bist dir wahrscheinlich einer besonderen Eigenschaft bewusst, die du noch nicht entwickelt hast, aber gern entwickeln würdest.

Jedenfalls sollte diese Eigenschaft mit einem Wort oder einem kurzen Satz bezeichnet werden, so dass du ein klares Gefühl dafür hast, welchen psycho-spirituellen ›Muskel‹ du trainieren und entwickeln möchtest. Wir wollen diese Eigenschaft jetzt deine gegenwärtige *essentielle Kraft* nennen. Nimm dir etwas Zeit, um sie so zu formulieren, dass es sich gut anfühlt.

Die energetische Erfahrung

▶ Sobald du die essentielle Kraft erkannt hast, kannst du zu erforschen anfangen, auf welche Weise du sie erleben könntest, wenn du sie wirklich jetzt hättest. Im Folgenden zeige ich dir eine gute Methode, um solche besonderen Kräfte in deiner Psyche zu stärken.

Schau dir die Tabelle des Menschlichen Hologramms an und wiederhole die äußeren Rhythmen und die inneren Zustände. In welchem Rhythmus würdest du deinen Körper mit dieser essentiellen Kraft bewegen? Welche Rhythmen würden diese Kraft am besten auslösen? Welcher energetische Zustand wäre am günstigsten?

Gehe noch einmal die Archetypen durch, die in Kapitel 2 erörtert werden. Welcher scheint den Zugang zu dieser essentiellen Kraft am meisten zu öffnen? Wenn du den Raum hast und Lust dazu, ist Bewegung hilfreich, um die verschiedenen Möglichkeiten zu erforschen.

Angenommen, deine essentielle Kraft wäre Mitgefühl. Da Mitgefühl nur auf der vertikalen Achse besteht und als von Liebe erfüllter Bewusstseinszustand beschrieben werden kann, bist du wahrscheinlich am ehesten mit dem Rhythmus ruhige Einheit (mehr als beispielsweise der Rhythmus des Chaos) und dem Archetyp des Heilers im Einklang (statt zum Beispiel dem des Schützen). Angenommen, deine essentielle Qualität wäre Humor. Das könnte bei dir am besten in Resonanz mit spielerisch statt fließend stehen und mit dem Archetyp des Narren eher als dem des Mönchs. Wenn du deinen Körper, deinen Geist und dein Herz auf diese verschiedenen Arten bewegst, kannst du ein Gefühl dafür bekommen, wie du die von dir gewählte essentielle Kraft erleben könntest, falls sie dir jetzt zur Verfügung stände.

Durch die Kombination der Archetypen mit verschiedenen Rhythmen kann eine ganze Reihe einzigartiger, energetischer Qualitäten der menschlichen Erfahrung und Ausdrucksweise kreiert werden.

Die Kombination bestimmter Archetypen und Rhythmen beeinflusst unseren physischen, mentalen und emotionalen Körper und entscheidet damit, welche persönlichen Ressourcen uns im jeweiligen Augenblick am meisten zur Verfügung stehen.

Ein Blick vom Lichttempel

▶ Gehen wir mit Hilfe der Lichtberg-Meditation zum Lichttempel auf der Spitze des Berges und arbeiten ein wenig aus der Meisterperspektive. Nimm ein paar langsame und tiefe Atemzüge. Sogar beim Lesen kannst du die Spitzen von Daumen und Zeigefinger wenigstens einer Hand zusammenbringen (Mudra) und dir vorstellen, sofort auf dem Lichtberg zu sein. Am Eingang des Lichttempels liest du die Inschrift: »Sei still und lausche und wisse, dass ich Gott bin.« Beim Betreten des Tempels badest du im weißen Licht als der Meister, der du bist.

Atme gleichsam durch das Dritte Auge und stell dir vor, du spürtest, wie deine Zirbel- und Hirnanhangsdrüse ihre gesegnete Konversation beginnen. Lass das Licht deine essentielle Kraft mit den allerbesten Ergebnissen für alle Beteiligten in deine Lebenswirklichkeit tragen.

Zunächst einmal stell dir eine Situation vor, in der du *allein* bist und diese Kraft vollauf erlebst. Erlaube dir, die Kraft zu fühlen, und atme tief. Merke, wie tief sie dich nährt und mit ihrer einzigartigen Qualität durchströmt. Erfülle diese Situation mit Licht und Liebe und dann lass sie gehen.

Bring diese Qualität nun in eine *Zweierbeziehung*. Gestalte eine Situation, in der du mit einer dir bekannten Person in Beziehung bist und von dieser besonderen essentiellen Kraft gestärkt wirst. Merke, wie sie dich in die Lage versetzt, zentrierter in Beziehung zu gehen. Beobachte, wie sich die Situation entfaltet, so dass ihr beide, deiner neuen Kraft wegen, stark davon profitiert. Höre die Stimmen und spüre die mit diesem Erfolg verbundene Freude. Dann erfülle diese Szene mit Licht und Liebe und lass sie gehen.

Erschaffe schließlich eine Situation, indem du diese essentielle Kraft in eine *Gruppe* aus deinem Alltag einbringst. Dabei ist es unerheblich, ob die Gruppe groß oder klein ist. Merke, wie gut es sich anfühlt, diese Kraft in dieser Situation zur Verfügung zu haben, und welche positiven Möglichkeiten sie dir in deiner Beziehung zur Gruppe bietet. Erkenne, dass jeder von deiner neuen Eigenschaft profitiert. Nutze alle deine inneren Sinne, um das außerordentliche Vergnügen dieser Erfahrung wahrzunehmen. Fülle schließlich diese Projektion mit Licht und Liebe und biete sie dem Höchsten als Geschenk dar. So sei es.

Nach einigen Momenten schierer Glückseligkeit beim Baden im weißen Licht des Tempels lies die Inschrift: »Sei still und lausche und wisse, dass ich Gott bin.« Löse das Daumen-Zeigefinger-Mudra und gehe vorsichtig, aber schnell den Berg hinab und atme zum Schluss in das erste Energiezentrum. Strecke dich, nimm ein paar tiefe Atemzüge und kehre zu deinem Normalbewusstsein zurück.

Bei dieser Sequenz weißer Magie ist es wichtig, nicht an den Erfahrungen festzuhalten. Unser Ziel ist vielmehr, sich mit dieser neuen Qualität anzufreunden, sie besser kennen zu lernen und ein Gewahrsein dafür zu bekommen, wie wir bewusster teilnehmen könnten, wenn sie uns in den vielen Facetten des realen Lebens zur Verfügung stände. Gleichzeitig sind wir uns bewusst, dass die Realität oft von unseren selbst gewählten Wahrnehmungen erschaffen wird und wir zu dem Menschen werden, den wir uns vorstellen können.

Einen Köder auswerfen

Jetzt möchte ich dir eine Methode zur wirksamen Integration dieser essentiellen Kraft oder eines anderen Attributs, das du entwickeln möchtest, anbieten. Ich nenne sie Ködern. Der Köder am Ende der Angelrute sollte für den Fisch höchst attraktiv sein. Wenn ich beides bin, Fischer und Fisch, möchte ich beides, einen verlockenden Köder und diesen Köder auswerfen, wo er für mein Fisch-Selbst zugänglich ist, weder zu weit entfernt noch zu nahe am Ufer.

Wir verwenden den Köder als Metapher für das köstliche Ziel und das Ködern dafür, wie, wann und wo du dir ein Ziel setzt, so dass du es verfolgst und unweigerlich verwirklichst. Der Sinn des Ganzen besteht darin, ein einmaliges, mittelfristig angelegtes Motivations- und Belohnungssystem für den Einsatz und die Entwicklung deiner essentiellen Kraft zu schaffen.

Der Haken im Köder

Bevor du jedoch dein Ziel wählst und setzt, gibt es ein paar Regeln für die Kunst des erfolgreichen Köderns, die dir – wenn sie strikt befolgt werden – sogar helfen werden, den Großvater der Fische im Teich zu fangen. Hier sind sie:

a *Das Erreichen deines Ziels setzt voraus, dass du deine essentielle Kraft findest und anwendest*

Der alte Spruch »Der Weg ist das Ziel« kann hier gut angewendet werden, weil die Verfolgung deines Ziel vor allem ein Mittel sein sollte, dich zur Integration dieser besonderen

Kraft zu motivieren. Bleibe in Verbindung mit deinem Ziel und denke daran, dass es nicht so wichtig ist, wohin du gehst, sondern wie du dahin kommst. Wenn du dieses Ziel auch ohne den Einsatz dieser besonderen Kraft erreichen könntest, hast du kein geeignetes Ziel gewählt und solltest dir ein anderes suchen.

b *Du solltest dein Ziel in höchstens zwei Monaten erreichen können*

Unter Berücksichtigung aller Einzelheiten sollte das Erreichen deines Ziels nicht so schwierig oder zeitraubend sein, dass es dir innerhalb dieses Zeitraums nicht möglich ist. Um mit genügend Elan und Beständigkeit bei der Sache bleiben zu können, solltest du einen Zeitraum wählen, der lang genug ist, um einen Muskel aufzubauen, aber nicht so lang, dass du ihn überlastest. Überfordere dich nicht! Wenn es fraglich ist, ob du dein Ziel und deine Belohnung innerhalb der nächsten zwei Monate erreichen kannst, solltest du ein anderes wählen.

c *Das Erreichen deines Ziels muss länger als eine Woche dauern*

Praktisch gesehen sollte dein Ziel nicht so leicht und mit geringem Zeitaufwand erreichbar sein, dass du es innerhalb einiger Tage oder einer Woche erreichen könntest. So wie du dich nicht überfordern solltest, solltest du dich auch nicht unterfordern. Gib dir auch hier genügend Zeit, deine essentielle Kraft zu nähren und von ihr genährt zu werden. Wenn du ahnst, dass du hier gemogelt hast, finde ein neues Ziel.

d *Verlass dich nur auf dich selbst, um dein Ziel zu erreichen*

Überprüfe noch einmal, ob nicht andere für deinen Erfolg verantwortlich sind. Stelle sicher, dass du und du allein dafür zuständig bist, dass du deine Belohnung bekommst. Sonst gibst du deine Kraft mitsamt der Befriedigung weg zu wissen, dass dich deine essentielle Kraft zum Ziel geführt hat und nicht die Fähigkeiten anderer. Ehre wem Ehre gebührt, also sorge dafür, dass sie dir zusteht.

e *Sorge nach dem Erreichen deines Ziels für einen klaren Abschluss.*

Es sollte kein Zweifel bestehen, wann genau dein Ziel erreicht ist. So wie du beim Landen des Flugzeugs das Aufsetzen der Räder spürst, brauchst du ein klares Zeichen, das zweifelsfrei anzeigt, dass du dein Ziel erreicht hast. Erlaube dir keine Unklarheiten. Wenn es für das Erreichen deines Ziels kein hundertprozentig klares Anzeichen gibt, solltest du das Ziel entweder genauer spezifizieren oder ein anderes Ziel wählen.

Den Köder schlucken

▶ Nimm dir jetzt also ein bisschen Zeit, dich für ein Ziel zu entscheiden, das eine Aktivierung deiner essentiellen Kraft erfordert und im Einklang mit den vorher genannten Regeln ist. Schreibe dieses Ziel und wann du es erreicht haben willst eindeutig und klar in dein Tagebuch und füge Ideen hinzu, die einen Anreiz dafür oder eine Inspiration liefern.

In den nächsten ein oder zwei Monaten wirst du eine Reihe von Ereignissen erleben, die Gelegenheit bieten, dein unbewusstes Selbst zu überzeugen, dass du diese Qualität wirklich bis zu deinem Lebensende in deinem Alltag umsetzen willst. Du wirst vermutlich feststellen, dass es dir hilft, mit deiner essentiellen Kraft in Verbindung zu bleiben, wenn du jeden Tag ein bisschen für die Erfüllung deines Ziels tust.

Wie gesagt kann die Integration dieser essentiellen Kraft in deinen Alltag, in das, was du erlebst und was du aussendest, eine wirklich wichtige und wesentliche Sprosse auf der Leiter deines spirituellen Aufstiegs sein. Wenn du diese Kraft aktivierst, wirst du vermutlich viel Unterstützung von allen Winden und Kräften bekommen.

Fragen und Antworten

T: *Gibst du uns ein paar Beispiele von Zielen, die sich andere gesetzt haben?*

O: Gern. Ich erinnere mich an einen Mann, dessen essentielle Kraft Selbstliebe war. Er setzte sich das Ziel, sein Büro zu putzen und neu zu ordnen, was er jahrelang nicht getan hatte.

T: *Hätte er das nicht in einer Woche tun können?*

O: Ja, natürlich, aber er hatte das Gefühl, nur eine beschränkte Zeit an den Wochenenden dafür aufwenden zu können. Also beschloss er, es auf einen längeren Zeitraum auszudehnen.

T: *Woher wusste er, wann er es geschafft hatte?*

O: Genau in dem Augenblick, als das letzte Möbelstück seinen Platz gefunden hatte. Ich stelle mir vor, dass er sich die

Hände rieb, als ob er den letzten Staub wegwischen wollte, und mit einem breiten Lächeln im Gesicht zurücktrat, um einen vollen Blick auf sein neues Büro zu werfen. Er brauchte fünf Wochenenden, um das zu schaffen.

T: *Ich verstehe die offensichtliche Verbindung zwischen Selbstliebe und dem Putzen des Büros, aber wie hat dieser Mann es geschafft, diese Verbindung in der Zeit zwischen den Wochenenden aufrechtzuerhalten?*

O: Er sagte, er hätte sich die ganze Woche über eingebunden in seinem normalen Alltag oft darauf gefreut, am Wochenende weiter aufzuräumen und Stapel von alten Papieren, Büchern, CDs und DVDs, Steuerordnern und vollen Schubladen mit Gott weiß was für Zeug mit einem richtig guten Gefühl der Selbstliebe zu sortieren. Er hatte einen Weg gefunden, sich mit dieser positiven Emotion für eine Arbeit zu motivieren, die er sonst nicht gern oder gar nicht gemacht hätte.

Abschluss der Reise

Wer die ganze Reise mit uns gemacht hat, hat jetzt einen weiten Weg zurückgelegt und dabei die Höhen und Tiefen des menschlichen Bewusstseins, menschlicher Erfahrung und Ausdrucksweise vermessen. Ich gratuliere dir, dass du durchgehalten und es mit uns ins Zentrum geschafft hast. Ich weiß, du wirst für deine Arbeit vielfältig und reich belohnt werden.

Auch wenn du nicht an allen Aktivitäten, Übungen, schriftlichen Aufgaben oder Meditationen teilgenommen hast, vertraue ich darauf, dass du genau das empfangen hast, was für dich bestimmt war. Nach meiner Erfahrung geht jeder einzelne mit bestimmten Aspekten aus der Fülle gegebener Informationen in Resonanz, von denen er profitiert und die ihm langfristig dienen werden.

Würdige also jeden Schritt, den du getan hast, und begrüße jeden als vollen Erfolg. Sei gewiss, dass du genau den Fortschritt gemacht hast, der nötig war. Wann immer du das Gefühl hast, du würdest gern wieder in eine bestimmte Richtung schauen, kannst du den entsprechenden Band vornehmen und dich in den gewünschten Aspekt vertiefen. An welchem Punkt du das Hologramm auch betrittst, du wirst immer mit dem Ganzen verbunden sein.

Wo wir uns nun dem Ende unserer Reise nähern, möchte ich dir noch einige Aktivitäten vorschlagen, um sie geerdet und zentriert beschließen zu können. Jede dieser Aktivitäten wird dir gute Dienste leisten und ich hoffe, dass du die notwendigen Vorkehrungen triffst und dich damit beschäftigst.

Lösung spiritueller Totems der Vergangenheit

Band 6 beschäftigt sich eingehend damit, warum es so wichtig ist, die uns aus der Vergangenheit bekannten Konzepte der Realität abzumildern, um in den Nagual eintreten zu können, jene Ebene des Bewusstseins, auf der *nichts* verstanden oder identifiziert werden kann. Für einen allmählichen und sanften Übergang in die *Leere* – besonders im Zusammenhang mit unseren Meditationen – wird es auch hilfreich sein, eine letzte Klärung in dieser Hinsicht vorzunehmen. Sie betrifft die *spirituelle Hierarchie* deiner Wahrnehmung.

Natürlich bist du gewohnt, Wörter und Begriffe zu benutzen, um dir die Götter und Göttinnen deines Himmels vorstellen und sie wiedererkennen zu können. Das erlaubt dir, mit ihnen zu kommunizieren. Doch indem du sie solchermaßen zu greifen suchst, könnte sich deine Sichtweise auf sie einengen. Du klebst dann an etwas, was man ein falsches Bild nennen könnte. Dieser beschränkte Blick ist wie eine energetische Bindung, die dich daran hindern kann, dich in deiner Meditation völlig in die Leere zu begeben.

Es ist nun unser Ziel, uns von dieser Bindung zu lösen, indem wir alle Wahrnehmungen aufgeben und spirituelle Anhaftungen loslassen. So bereiten wir uns auf eine tiefere und ehrlichere Beziehung zum göttlichen Unbekannten vor.

Briefe an die Götter

▶ Hier ist eine Methode, die Spaß macht. Als würdest du einen indianischen Totempfahl ausschließlich aus Wörtern schnitzen, schreibst du eine Liste von Göttern und Göttinnen auf und bringst sie in eine Rangfolge, die deiner göttlichen Hierarchie entspricht. Arbeite von oben nach unten, mit anderen Worten, beginne mit dem Namen des Gottes oder der Göttin, die du am meisten verehrst, dann die verwandten Gottheiten wie Söhne oder Töchter, Mutter Erde oder Vater Geist, und gehe weiter zu den weniger verehrten wie den Winden und Kräften der vier Richtungen, den Krafttieren oder anderen Göttern, die du hast. Du entdeckst vielleicht, dass du einige Götter wie Essen, Sex und so weiter anbetest, die weiter oben auf dem Totempfahl sitzen, als du gedacht hättest.

Verbringe mit jedem von ihnen ein paar Minuten. Denke über jeden Gott, jede Göttin nach. Verbinde dich mit ihnen und schreibe ihnen eine Nachricht – so kurz wie möglich und so lang wie nötig. Stell sie dir in deiner Nähe vor und kommuniziere aus deinem Herzen mit ihnen. Es folgen einige Elemente, die einbezogen werden sollten:

Anerkennung
Wertschätze jeden von ihnen dafür, was sie für dich waren und was sie dir gegeben haben.

Dankbarkeit
Verbinde dich mit ihnen und danke ihnen von Herzen.

Lösung
Aus dem Bedürfnis nach irgendeiner Art von Orientierung auf unserer spirituellen Reise haben wir eine Menge Informationen über das Who-is-Who in der Welt des Göttlichen angehäuft. Nur wenige Menschen halten inne und stellen sich die Frage: »Wie kann ich es wagen, Gott in eine menschliche Definition zu zwängen? Ist es nicht Gott, der mich definieren sollte?«

Es ist, als versuchten wir, das gesamte Universum in eine kleine Schachtel (etwa von der Größe unseres Gehirns) zu pressen, diese mit unseren esoterischen Lieblingsklischees zu beschriften und dann wie jedes andere Produkt des Egos ins Regal zu stellen.

Befreie den Geist jedes Gottes, jeder Göttin aus deinem einengenden Griff, damit sie tiefer in dir atmen können. Lass deine alten Ideen und Konzepte los, dass du in die Lage kommst, etwas Größeres zu begreifen, als du vorher gekannt hast. Verabschiede dich von den Totems der Vergangenheit, damit du sie mit einer tieferen Bewusstheit und immer größeren Liebe neu begrüßen kannst.

Apfelkur

Die Einschränkung oder Enthaltung von Nahrung und Flüssigkeit für einen gewissen Zeitraum, auch als Fasten bekannt, wird von alters her zur Förderung guter Gesundheit und als spirituelle Praxis angewendet. Nachdem du das Menschliche Hologramm gelesen hast, verspürst du vielleicht den Impuls, ein rituelles Reinigungsfasten durchzuführen, das deinen Körper und deine Seele auf einen Neuanfang vorbereitet.

Es handelt sich um eine recht beliebte Reinigungskur, von der mehrere Versionen im Umlauf sind. Ich stelle hier die vor, die ich von Paul Solomon bekommen habe. Im Laufe der Jahre habe ich einige Ergänzungen gemacht, die sich als hilfreich erwiesen haben. Auch wenn du noch nie gefastet hast, ist dies ein leichter Weg, diese Erfahrung zu machen.

Du brauchst dafür lediglich rohe Äpfel und destilliertes Wasser. Drei Tage lang ernährst du dich nur davon. Trotzdem musst du nicht hungern, im Gegenteil sollst du viele Äpfel essen und viel destilliertes Wasser trinken.

Die Äpfel sollten biologisch angebaut sein und sorgfältig gewaschen werden. Iss die Schale mit, aber nicht das Gehäuse. Apfelsäure stärkt die Immunabwehr und hilft, die Einlagerung von Schwermetallen im Gewebe zu verhindern. Außerdem hilft die große Menge natürlicher Pektinfasern, den Verdauungstrakt zu reinigen und so die Entgiftung von Eingeweiden und Blut zu verbessern.

Destilliertes Wasser ist reines Wasser, alle Einmischungen sind entfernt, auch Mineralien und Mikroorganismen. Weil dieses Wasser keine Mineralien enthält, soll es den Körper dazu bringen, gespeicherte Mineralien zu verbrauchen. Anschließend werden sie durch neue ersetzt. Sieh zu, dass du mindestens zwei Liter pro Tag trinkst. Am besten ist es für deinen Körper, das Wasser warm bis lauwarm zu trinken.

Am späten Abend des dritten Tages trink etwa einen achtel Liter des besten kaltgepressten Olivenöls, das du finden kannst. Besorge dir eine Sorte, die möglichst geschmacksneutral ist. Du kannst weniger Öl nehmen, wenn du willst, aber du solltest mindestens fünf Esslöffel voll einnehmen, um die Ausscheidung der Äpfel zu fördern. Ich trinke das Öl gern aus einem schönen Kristallglas. Geh etwa eine Stunde später ins Bett. Das Öl bringt nicht nur all die Äpfel in Bewegung, sondern spült auch Leber und Gallenblase.

Im Schlaf hast du vielleicht Magen- oder Darmbeschwerden, wenn das Olivenöl zu wirken beginnt. Kurz danach oder am Morgen sollten deine Eingeweide völlig entleert werden. Wenn du am Abend vorher genug Olivenöl eingenommen hast, wird das vermutlich ganz natürlich geschehen, wenn nicht, solltest du einen Einlauf machen.

Am Morgen des vierten Tages kannst du als erstes etwas weißen Traubensaft trinken, der deinen Organismus mit Zucker versorgt. Anschließend sind Gemüse und Fruchtsäfte das Beste. Zum Mittagessen kannst du bereits eine leichte Mahlzeit zu dir nehmen. Du wirst dich wahrscheinlich sehr klar und rein fühlen. Möglicherweise möchtest du weniger und gesünder als vorher essen.

Als günstige Mondphase für das Fasten hat sich der abnehmende Mond erwiesen. Schwere körperliche Arbeit sollte man während der Kur meiden und viel ruhen. Vermutlich wirst du ein leichtes Schwindelgefühl und eine leichte Benommenheit verspürten. Manche haben am ersten oder zweiten Tag leichte Kopfschmerzen. Sauna, Dampfbäder, Schwitzen und heiße Bäder unterstützen die Ausscheidung von Giftstoffen durch die Poren und werden dich tief entspannen.

Außer der körperlichen Reinigung ist die Apfelkur auch hilfreich, um selbstzerstörerische Gewohnheiten zu verändern. Körperliche Abhängigkeiten wie Nikotin oder Alkohol werden leichter aufgegeben. Das gleiche gilt für emotionales und psychisches Suchtverhalten. Nutze die Fastenzeit, um dich von all dem zu befreien, was dir nicht dient, und deinen Geist zu erfrischen.

Diese Fastenkur empfehle ich allen, die sich in einem guten Gesundheitszustand befinden. Nicht ratsam ist sie für Kinder, Schwangere, Herzkranke, Krebskranke (oder Krebskranke in Remission), Menschen mit Kolitis, Epilepsie, Diabetes oder Gallensteinen. Wenn du noch nicht volljährig bist oder unsicher, ob du fasten solltest, wenn du untergewichtig bist oder Medikamente einnimmst, konsultiere zuvor deinen behandelnden Arzt oder Heilpraktiker.

Ein Mobile bauen

Das Ego ist vielleicht nicht der beste Umgang, aber auch nicht der schlechteste, zumindest nicht vom Zentrum aus gesehen. In der Tat ist es ein Teil der menschlichen Psyche, den wir zur Kenntnis nehmen, willkommen heißen und dessen wir uns bewusst bleiben. Verhaltensmuster des Egos sind kein

Gleichgewicht von

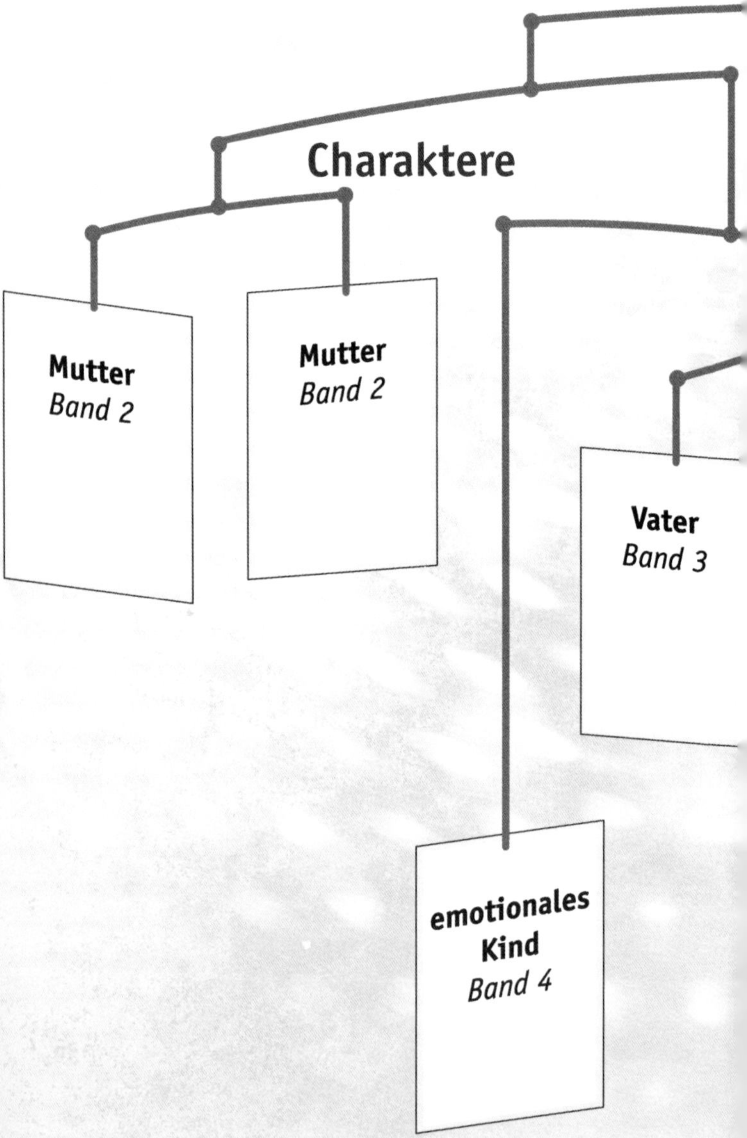

Ego und Essenz

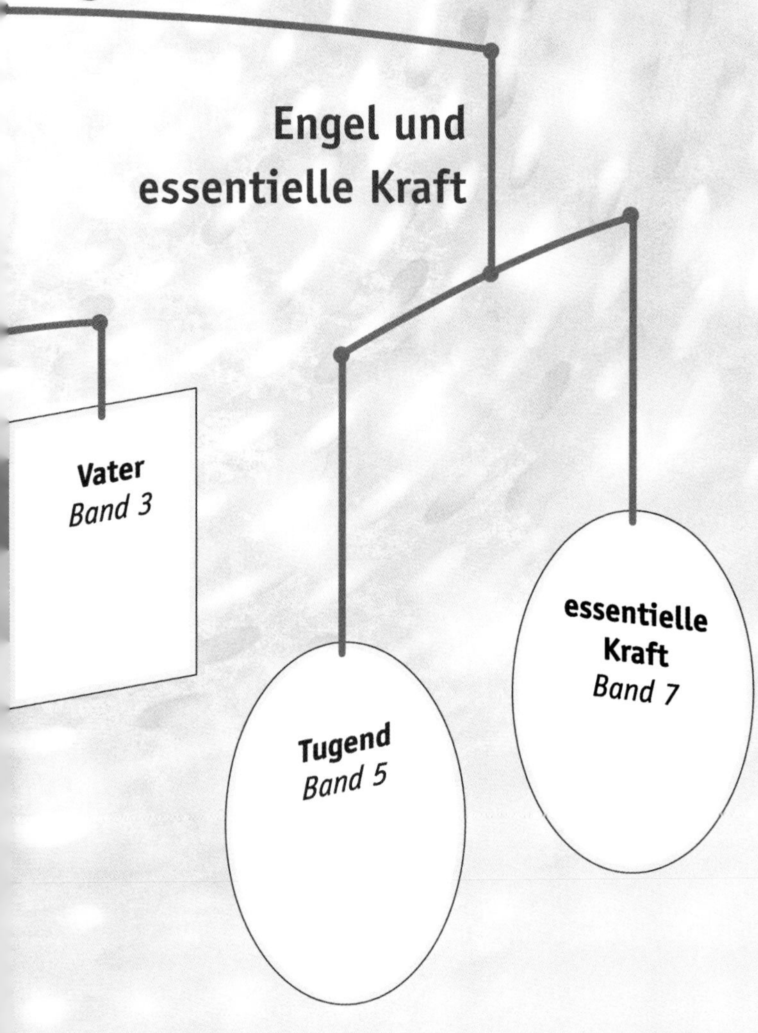

Fluch, sondern ein Segen, der speziell für unser spirituelles Wachstum erdacht wurde. Übrigens werden diese Neigungen des Egos nicht verschwinden. So tun wir am besten daran, uns seiner Tendenzen bewusst zu sein und konstruktivere Aspekte als Gegengewicht in unserer Psyche vorzuhalten.

Eine Methode, die sich in den Jahren meiner Arbeit als sehr effektiv erwiesen hat, ist das Gestalten eines Modells der Psyche in Form eines Mobiles. Ja, ein Mobile aus Stöckchen und Fäden oder was auch immer, das du irgendwo aufhängen kannst, damit es dich an diesen empfindlichen inneren Balanceakt erinnert, der für geistige Gesundheit und Zentriertheit so nötig ist.

Wenn du also auch die anderen Bände über das Menschliche Hologramm mit uns bereist hast, hast du bereits fünf Bilder von Ego-Charakteren gezeichnet: zwei aus deiner Arbeit mit dem Phantom deiner Mutter (Band 2), zwei aus deiner Arbeit mit dem Phantom deines Vaters (Band 3) und eines aus deiner Arbeit mit dem Phantom des emotionalen Kindes (Band 4). Wenn du all diese lustigen Bilder gemalt hast, kannst du sie jetzt so zusammensetzen, dass sie einander ausbalancieren, wie die Abbildung zeigt. Berücksichtige auch, dass die gesamte Ego-Familie so hängt, dass sie ein ausgleichendes Gegengewicht zur Essenz bildet.

Als Gegengewicht zum Ego hast du die essentiellen Aspekte, die zum einen vom Bild des Engels des Ostens (Band 5) repräsentiert werden, zum anderen gestaltest du einen Gegenstand, der deine essentielle Kraft aus den vorhergehenden Kapiteln dieses Bandes (7) symbolisiert. Das kann sein, was du willst, solange es dich an diese besondere Kraft erinnert und auch ein angemessenes Gewicht hat, um das Gleichgewicht des Mobiles zu gewährleisten.

Wenn du kein Bild von den Charakteren oder dem Engel gezeichnet hast, dann übertrage einfach das Diagramm in dein Tagebuch. Schreibe die Namen deiner Charaktere, deines Engels und deiner essentiellen Kraft in die dafür vorgesehenen Felder. Es ist vielleicht eine gute Idee, dies ohnehin zu tun, auch wenn du ein Mobile baust. Auf diese Weise hast du eine kleine visuelle Darstellung, auf die du dich ebenfalls beziehen kannst. Manche haben sogar ein Foto von ihrem fertigen Mobile angefertigt und nutzen es als Hintergrundbild für die Bedienoberfläche ihres Computers.

Epilog

Ich erinnere mich, wie ich als Kind eine bestimmte Szene in einem Film sah, wo Tausende von Sklaven eine der großen Pyramiden Ägyptens bauten. Bei einer Kameraeinstellung aus weiter Distanz sahen die Sklaven wie Ameisen aus. Das erinnerte mich daran, wie gut Ameisen zusammenarbeiten und wie viel sie deshalb erreichen. Dies hinterließ einen starken Eindruck bei mir in Bezug auf die Tatsache, dass wir buchstäblich Berge versetzen können, wenn wir zusammenarbeiten.

In unserer heutigen Zeit ist die Notwendigkeit zur Zusammenarbeit größer als jemals zuvor. Je kleiner unsere Welt wird, desto größer wird unser Bedürfnis, bessere Wege der Kommunikation, Konfliktlösung und für das Schließen von Freundschaften zu finden.

Wir brauchen nicht länger zum Handeln geprügelt zu werden, ob nun von Sklaventreibern, wahnsinnigen Anführern oder Katastrophen aller Art, um unsere Schwierigkeiten zu überwinden. Sehr bald werden die meisten von uns diese archaische Faulheit hinter sich gelassen haben.

Manche werden sagen, damit wir zusammenkommen brauchen wir einen gemeinsamen Feind, der nicht zu schlagen ist, wenn jeder von uns allein kämpfte. Das war vielleicht früher so, doch statt dass uns ein gemeinsamer Feind zusammenbringt, ziehen wir heute eher ungewöhnliche Verbündete an. Es ist an der Zeit, das auf Furcht basierende Konzept hinter uns zu lassen, dass unsere Verschiedenheit Konflikte hervorrufen würde, und sie stattdessen als Gewinn zu betrachten, der unser Bündnis vervollständigt.

Während die Liebe allmählich die Furcht in den Herzen der Menschheit überwindet, wandert unsere Aufmerksamkeit in unseren Beziehungen von den Problemen fort und hin zu den Lösungen. Aber die Liebe erlaubt uns nicht nur, unsere Gegensätze als wechselseitig nutzbringende Gegengewichte wertzuschätzen, die Liebe bringt uns auch von Natur aus dazu, mehr Zeit und Energie darauf zu verwenden, unsere Gemeinsamkeiten hervorzuheben, statt uns wegen unserer Verschiedenheiten zu kritisieren. Als wären wir in einer Kleinstadt groß geworden und eines Tages aus dieser Mentalität herausgewachsen, verspüren wir jetzt das Bedürfnis weiterzugehen. Kleinkriege, die uns früher so wichtig erschienen, sind jetzt trivial und unwichtig. Die Menschheit, die sich am Übergang von der Jugend zum Erwachsensein befindet, ist in die Endphase ihrer Entwicklung eingetreten. Wie bei jedem jungen Erwachsenen haben Macht- und Autoritätskämpfe ihren Zweck und werden doch bald langweilig. Wenn wir reifer werden, ist es interessanter zu lernen, mit der Umwelt zu kooperieren, weil sie eine Herausforderung ist, die wir nur alle gemeinsam meistern können.

Wenn du die alten Feindseligkeiten hinter dir lässt, die immer wieder in den Medien gezeigt werden, und dir das größere Bild anschaust, wirst du mehr und mehr eine harmonische Zusammenarbeit zwischen den Nationen, Stämmen und Menschen überall auf der Welt bemerken. Du kannst auch selbst diesen Übergang von Feindseligkeit zu harmonischer Zusammenarbeit in deinen privaten und beruflichen Beziehungen vollziehen und auch andere dazu inspirieren. Immer mehr deiner Freunde und Bekannten werden erkennen, dass es notwendig ist, sich auf einen inneren Prozess der Heilung der persönlichen Wunden einzulassen, wie du es hier getan hast. Lass sie wissen, wie das geht.

Für deine Beteiligung an diesem Prozess und den außerordentlichen Beitrag, den du damit zur Heilung der menschlichen Seele und unseres Planeten geleistet hast, danke ich dir von Herzen. Möge das Licht deinen weiteren Weg erhellen und Liebe dich immer begleiten. So sei es.

Letzte Station

An dieser Stelle endet die Fahrt mit dem Holo-Bus. Danke für deine Teilnahme und bitte achte auf die Stufe, wenn du aussteigst. Es war mir eine Ehre, dein Reiseleiter auf dieser

Reise gewesen zu sein, und ich hoffe, dich bald wieder zu sehen. Vergewissere dich, dass du alle deine transpersonalen Besitztümer mitgenommen hast, und entsorge alle Fetzen eines unerwünschten Selbstbildes, bevor du den Holo-Bus verlässt. Im Fach vor dir findest du eine Sonnenbrille, die du mitnehmen kannst, damit du alles in einem positiveren Licht sehen kannst. Lache gern und viel und lebe gut.

Danke, Licht!

Anhang

Das Menschliche Hologramm

Richtung	Inhalt	1	2		3
		Erde	**Körper**		**Verstand**
		Krafttier	*äußerer Rhythmus*	*innerer Zustand*	*mentales Portal*
1	**Erde**	Schnecke Schildkröte	Vorahnung	erwartend	Bereitschaft Fantasie sexuelle Themen
2	**Süden**	Schlange	Fließen *anwachsend*	geschlossen	Vertrauen Unschuld Mutterthemen
3	**Norden**	Büffel Palomino	Stakkato	kontrolliert	Engagement Fokus Selbstdisziplin Vaterthemen
4	**Westen**	Jaguar Panther	Chaos *abflauend*	spontan	Hingabe des Ego-Selbst Sterben der Vergangenheit Kindheit
5	**Osten**	Adler Kondor	spielerisch	offen	Wiedergeburt Visionssuche Umarmen der Einzigartigkeit
6	**Geist**	Nagual gefiederte Schlange	ruhige Einheit	wachsam	deine göttliche Natur aneignen der inneren Führung folgen
7	**Zentrum**				

4 **Herz** *emotionale Schwingung*	5 **Seele** *schamanische Aufgabe*	6 **Geist** *spirituelle Meisterschaft*	7 **Licht** *Hochstapler Archetyp*	
Leidenschaft	deine Lebenskraft öffnen und erwecken	Kraft des Akzeptierens	**Rot** Dickschädel **Nährende**	
Angst	vom physischen Selbst desidentifizieren	Kraft des Seins	**Orange** Einsiedler **Mönch**	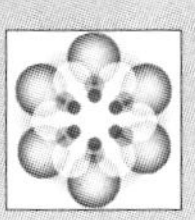
Wut	vom physischen Selbst desidentifizieren	Kraft des Tuns	**Hellgelb** Manipulator **Schütze**	
Traurigkeit	vom physischen Selbst desidentifizieren	Kraft des Beendens	**Smaragdgrün** Gammler **Narr**	
Freude	mit dem essenziellen Selbst identifizieren	Kraft des Neubeginns	**Himmelblau** Opfer **Heiler**	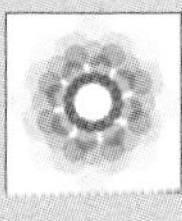
Mitgefühl	*Ich bin* dich Selbst erkennen	Kraft des Heilens	**Indigo** Irrer **Beobachter**	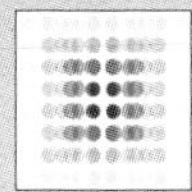
			ätherisches Violett	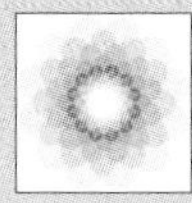

Zusammenfassung in Stichwörtern

Zentrum
Der Kern der Psyche, auch bekannt als Leere oder Nichts, der für Gleichgewicht, Harmonie und Einheit des gesamten Hologramms steht. Die Orientierung am Zentrum (der Mitte) verschafft dir aus allen Richtungen einen schnellen Zugang zu deinen höheren Kräften.

Kronen-Zentrum
Das siebte Energiezentrum, das über dem Scheitel liegt. Es wird besonders mit der Zirbeldrüse in Verbindung gebracht. Durch seine Aktivierung ermöglicht es die Verschmelzung des Ich-bin-Bewusstseins mit dem universellen Bewusstsein beziehungsweise dem spirituellen Einssein.

Spirituelles Einssein
Ein erleuchteter Zustand (auch für kurze Intervalle), in dem man Liebe oder Licht als das wahre Selbst erkennt und weiß, dass es die absolute Natur der Liebe selbst ist, welche die Illusion der Dualität vertreibt.

Illusion der Dualität
Ein allgemein verbreitetes Verständnis der Wirklichkeit, durch die Augen von jemandem gesehen, der glaubt, irgendetwas anderes als sich selbst zu sehen.

Wischmopp und Eimer
Eine Legende, die mich daran erinnert, dass mein Meisterlehrer zweifellos Hinweise in meiner Realität hinterlässt, die mich ermutigen, meinen Blickwinkel zu erweitern und mehr Gelegenheiten für den Dienst am Licht zu erkennen.

Dienst am Licht
Voller Hingabe und Ehrfurcht vor dem Geist der Liebe die Bedürfnisse befriedigen, die ich als wesentlich wahrnehme.

Die sechs Zustände im Menschlichen Hologramm
Allgemeine Definitionen von Seinszuständen, wobei jeder Zustand einer Dimension des holographischen Medizinrades zugeordnet ist. Sie geben einen Überblick über die menschliche Psyche und bieten energetische Bezugspunkte, um ein inneres Gleichgewicht zu finden und in der Mitte zu bleiben.

Hochstapler und Archetypen
Jeder Zustand hat einen unbewussten und einen bewussten Aspekt. Die unbewussten Aspekte bezeichne ich als Hochstapler, weil sie anmaßende Merkmale sind, die das wahre Selbst nicht repräsentieren. Die

bewussten Aspekte bezeichne ich als Archetypen, weil sie Kategorien von Qualitäten versinnbildlichen, die das wahre Selbst repräsentieren.

Tiefes Lauschen
Eine Methode zur Beruhigung des Geistes in der Meditation. Dabei lauscht der Praktizierende zunächst konzentriert auf tatsächliche Töne und Geräusche der direkten Umgebung und schließlich auf die weiter und weiter entfernten. Mit Hilfe der Vorstellungskraft erweitert sich die eigene Aufmerksamkeitsspanne und umfasst ein immer größeres Universum. Dadurch wird der Lauschende in einen Zustand der erweckten Egolosigkeit oder tiefsten Stille versetzt.

Atem Gottes
Dieser Ausdruck wird verwendet, um den sanft flüsternden Klang der Leere zu beschreiben, der schließlich zum hörbaren Bezugspunkt während des tiefen Lauschens wird.

Sprache der Götter
Träume, Nacht- und Tagträume, können als direkte Mitteilungen des Meisterlehrers interpretiert werden. Ein vertrautes Werkzeug zur Entschlüsselung ist notwendig, um den Dialog mit dem höheren Selbst zu vertiefen.

Ködern
Ein System der persönlichen Motivation und Belohnung für die Anwendung und Entwicklung einer besonderen Kraft oder Tugend. Das Bild des Köderns ist eine Metapher dafür, wie, wann und wo ich ein Ziel so setze, dass ich es verfolgen und unweigerlich verwirklichen werde.

Lichtberg-Meditation
(Ebene 7) In der Farbe von ätherischem Violett jenseits des Lichttempels folgen wir den Klängen, die uns in die Leere führen, wo es nichts zu sein, zu wissen, zu tun oder zu fühlen gibt. Erschaffe hier eine innere Situation, in welcher der Geist zur Ruhe kommt und sich das Bewusstsein in einem Maße erweitert, dass sich das Ich im Licht auflöst.

Literatur

[1] Srimad Bhagavatam 1.2.11

[2] Newbury, Mickey. Acuff-Rose 1967

mehr Informationen unter
www.humanholographics.de

Mahatma Gandhi
Der Weg zu Gott
Ausgewählte Schriften

96 Seiten, Festeinband
ISBN 978-3-88755-014-1

Avatar Meher Baba
Es heilt

144 Seiten, Festeinband
ISBN 978-3-88755-112-4

Sri Sri Ravi Shankar
Die Kunst des Lebens
Die menschlichen Werte feiern

144 Seiten, Festeinband
ISBN 978-3-88755-110-0

Sri Sri Ravi Shankar
Fragen und Antworten
über Gott und die Welt

144 Seiten, Festeinband
ISBN 978-3-88755-111-7

weitere Informationen und mehr Titel unter www.param-verlag.de